智能投资顾问中的信义义务

The Fudiciary Duties of Robo-advisor

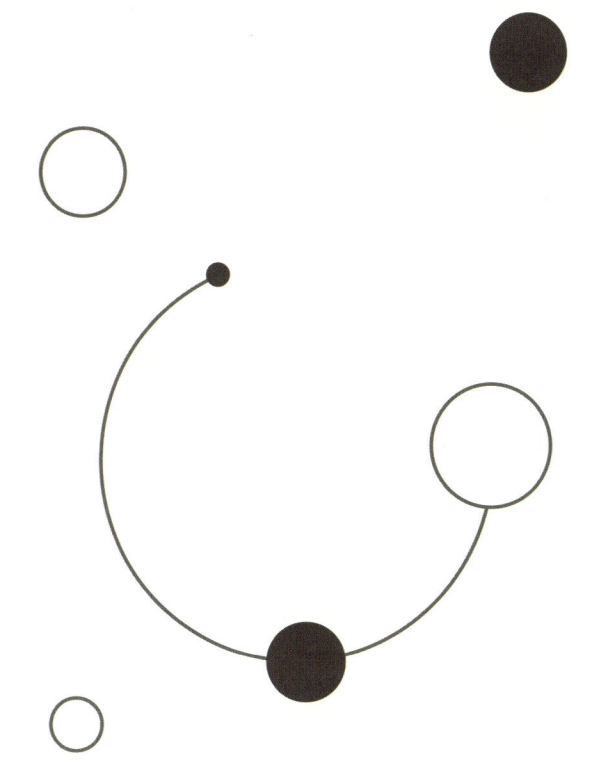

宋姝◎著

社会科学文献出版社
SOCIAL SCIENCES ACADEMIC PRESS (CHINA)

序

现代数字技术的发展速度像坐上了火箭，从人工智能、区块链、元宇宙到生成式大模型ChatGPT，技术的演化和迭代升级让人们应接不暇，"转瞬之间"，ChatGPT已经4.0。在数字技术特别是人工智能、区块链、大数据技术的加持下，数字经济、数字政府、数字社会、数字国家和数字世界加速演进，数字技术深刻地改变着我们的经济、社会、政治、财富和未来。智能投顾就是人工智能等数字技术同投资咨询、资产管理、委托理财等金融活动深度融合的典型数字化金融科技产品，为投资者提供了全新的财富投资模式。自动化的算法决策、平民化的投资门槛、低风险的投资组合标的以及较低的投资成本等优势，使智能投顾从诞生之日起便受到投资者的热烈追捧，其投资规模达到万亿美元以上。智能投顾不但改变了投资模式，也对法律提出了挑战。因为，法律总是滞后于新业态、新模式的发展，因应新的挑战力有不逮。为了智能投顾的健康发展，防范化解金融风险，亟待健全智能投顾法律制度。首先，需要确定智能投顾的法律性质，明确其在法律上的正确定位；其次，需要确定智能投顾模式下各主体的地位、权利、义务及责任。世界大多数国家将智能投顾确认为投资顾问工具，纳入投资顾问监管框架，强调注册准入及对投资者的信义义务，并根据智能投顾的特点，加强投资者适当性管理、算法备案和信息披露等。

我国尚未制定专门的智能投顾法律法规，监管部门按照投资咨询、基金管理、资产管理和委托理财等法律法规要求对智能投顾进行监管。我国智能投顾行业获得一定的发展但也受到法律规范缺失的影响。比如，智能投顾运营者和第三方服务外包机构之间在责任划分上存在争议等问题严重影响行业发展。我国亟待制定相应法律法规，可喜的是，监管部门一直在推动。2019年10月，中国证监会开始基金投资顾问业务试点工作，到2023年3月底，参加试点机构一共60家，服务客户524万户，资产规模达到1464亿元。2023年6月9日，中国证监会就《公开募集证券投资基金投资顾问业务管理规定（征求意见稿）》公开征求意见。征求意见稿特别指出，投资顾问机构必须搭建信息化平台，强化投资顾问机构践行信义义务、丰富持续注意义务内涵及防范利益冲突。这明确了监管部门把智能投顾纳入投资顾问机构监管体系，并对投资顾问机构履行信义义务提出了强制性要求。

当然，随着智能投顾的蓬勃兴起，法学理论界掀起了研究智能投顾法律问题的热潮。然而，许多问题还存在争议，还未达成共识。比如，智能投顾法律关系的性质是信托还是委托，智能投顾信息披露的标准是什么，智能投顾中各主体违反信义义务承担责任的顺位怎么排，等等。宋姝博士的专著《智能投资顾问中的信义义务》系统研究了智能投顾法律关系的性质、智能投顾中信义义务的正当性、智能投顾中信义义务的统一标准、智能投顾信息披露、智能投顾违信责任等问题；主张基于智能投顾委托-代理法律关系的性质定位，构建信义义务统一标准体系，并以信息披露和违信责任追究为保障措施；提出了完善智能投顾中信义义务法律制度的建议。其对当前的主要理论争议提出了自己的观点，契合了当前立法需求，可以为健全智能投顾法律制度提供参考，促进智能投顾行业的健康发展。

期待宋姝博士在金融科技法律领域笔耕不辍、佳作不断。

是为序。

侯东德

2023年7月12日

目　录

绪　论 ·· 001

第一章　智能投顾模式下信义义务的正当性 ································ 026
　　第一节　智能投顾的界定 ··· 026
　　第二节　智能投顾模式下信义义务的法学分析 ······················ 041
　　第三节　智能投顾模式中信义义务的经济学分析 ··················· 051

第二章　揭开智能投顾的面纱：信义义务主体 ······························ 060
　　第一节　智能投顾模式中的利益冲突 ·································· 061
　　第二节　智能投顾的法律地位分析 ····································· 064
　　第三节　智能投顾运营者信义义务主体的正当性 ··················· 071
　　第四节　智能投顾中的其他信义义务主体 ···························· 081

第三章　智能投顾中信义义务的标准 ·· 085
　　第一节　明确智能投顾中信义义务标准的理论基础 ················ 085
　　第二节　智能投顾信义义务标准构建的特殊性 ······················ 093
　　第三节　智能投顾中信义义务标准的内容 ···························· 098

第四章　智能投顾模式中信义义务履行的主要保障路径 ················· 107
　　第一节　智能投顾信义义务保障路径之一：信息披露 ············· 107

第二节 智能投顾信义义务履行保障路径之二：信义义务监管 ………………………………………………………… 133

第五章 智能投顾模式中违反信义义务的民事责任 …………… 163
　第一节 违反信义义务责任性质界定 …………………… 164
　第二节 违反信义义务责任构成要件 …………………… 166
　第三节 违反信义义务的表现形式 ……………………… 170
　第四节 违反信义义务的免责事由 ……………………… 174

结　论 ……………………………………………………………… 178

参考文献 …………………………………………………………… 183

绪　论

一　研究目的

全球工业的商业环境在各个方面都面临着持续的自动化趋势，我国提出要大力推进人工智能、区块链、互联网、云计算、大数据与实体经济深度整合。2010年，智能投顾平台Betterment问世，提供没有人为因素影响的低成本金融建议。智能投顾自产生以来飞速发展，得到广大投资者的热烈追捧。作为金融投资平台，尽管使用了目前最热门也最具有前景的人工智能技术，但智能投顾平台依然无法脱离金融投资工具的本质。同所有金融投资工具一样，防范系统性金融风险和投资者保护无疑是智能投顾必须面对的首要任务。这两个首要任务将伴随智能投顾发展日益复杂、算法竞争日益剧烈、金融市场更加开放变得尤其重要，并对法律和政策带来更大冲击。法律和政策应对智能投顾创新总是在包容与严管之间摇摆，市场准入、加强监管两大行政手段能够在一定程度上遏制金融风险，但也对智能投顾创新带来负面效应，许多有价值和前景的智能投顾项目和应用直接面临无照经营、非法经营、将被取缔的尴尬境地，科技创新由此被扼杀。本书认为，光有市场准入、加强监管等措施还不够，重点是激发市场主体自身的活力和责任感，而投资顾问的信义义务制度将是不二选择。本书将以智能投顾中的信义义务为研究对象，对智能投顾能否适用信义义务制度、智能投顾承担信义义务的主体、智能投顾中信义义务的内容和标准、智能投顾模式下信义义务履行的信息披露和监管责任进行深入探讨和研究，借鉴欧美发达资本市场的法律制度，结合我国资本市场实际情况，提出完善我国智能投顾模式下信义义务法律制度的路径和措施，为我国智能投顾行业的健康发展、投资者保护、防范系统性金融风险提供参考。

二 研究综述

以"信义义务"为主题进行文献检索发现,当前学界对信义义务的研究主要集中于信托法中受托人的信义义务,资产管理业务中金融机构信义义务,公司治理中控股股东、实际控制人、董事、高管信义义务等领域。以"智能投顾"为主题进行文献检索发现,当前对于智能投顾的研究多从金融学、经济学、计算机学科进行,法学学科的研究主要集中于智能投顾的定义、特征、优势、风险及监管等方面。以"智能投顾"为主题进行著作检索发现,当前大多数著作为金融学、经济学领域,研究内容以智能投顾发展现状、智能投顾业务模式、智能投顾优势、对传统金融的颠覆、未来发展等角度为主。尚未检索到法学界关于智能投顾的著作。

关于智能投顾中信义义务的研究,目前成果较少,部分学者在研究智能投顾的本质、风险、民事责任、监管过程中对智能投顾中的信义义务进行阐述。仅有少数学者以智能投顾信义义务为主题,对智能投顾信义义务进行了全面阐述。当前,学界关于智能投顾中信义义务的研究主要以投资顾问信义义务起源、内涵,智能投顾对传统信义义务的冲击,智能投顾信义义务重构等为内容。主要研究成果:一是李文莉、杨玥捷在《智能投顾的信义义务》一文中,从信义义务的产生基础、智能投顾对信义义务的挑战以及智能投顾信义义务的重构三方面对智能投顾的信义义务进行了详细介绍;二是郑佳宁在《论智能投顾运营者的民事责任——以信义义务为中心的展开》一文中提出,智能投顾并未改变投资者与智能投顾平台经营者之间的法律关系,智能投顾平台仍应对投资者承担信义义务,但智能投顾平台对投资者的信义义务有所改变;三是潘冠羽在《智能投顾模式下对信义义务的重构》一文中提出,智能投顾的引入对之前人工投资顾问的信义义务构成重大挑战,亟须重构智能投顾的信义义务,并认为除智能投顾运营者外,算法研究人员亦应对投资者承担信义义务;四是吴烨、叶林在《"智能投顾"的本质及规制路径》一文中认为,为了更好推动智能投顾的健康发展,应当在立法上规定智能投顾运营者的信义义务;① 五是西南政法大学陈伟在其硕士学位论文《智能投顾中的信义义务》中,围绕智能投顾信义义务的特殊性,对智能投顾的特殊忠实义务、特殊勤勉义务进行了分析。

(一)传统投资顾问的信义义务

在研究智能投顾中的信义义务之前,部分学者首先对传统投资顾问的信义义务进行了分析。关于信义义务的起源,部分学者提出信义义务起源于信托法领域,但随着社会发展,人与人之间的关系逐渐复杂,信义义务逐渐被适用到代理关系、委托关系、投资关系等多个领域。关于信义义务在投资顾问领域的适用,部分学者提出,投资顾问对投资者承担信义义务不是因为投资者与投资顾问之间存在委托合同关系,而是由于投资顾问具有较强的专业性,投资者因信赖投资顾问的专业能力、投资经验从而对投资顾问产生了信赖利益,这是投资顾问负担信义义务的主要原因。关于信义义务的内容,学者一致认为信义义务包括勤勉义务与忠实义务。勤勉义务要求投资顾问应是一个理性的人,勤勉尽责地为投资者利益行事。忠实义务要求投资顾问将投资者利益置于首位,不得为了自身利益而损害投资者利益,主要目的在于防范利益冲突。现对主要观点介绍如下。

李文莉、杨玥捷在阐述投资顾问与投资者关系时提出,投资顾问与投资者之间在表面上看似是基于平等的地位、基于双方意思自治达成的合同关系,但二者实质上处于不平等地位。主要体现在以下方面:其一,在专业技能方面,投资顾问具备丰富的金融投资知识和经验;其二,金融市场具有较大的信息不对称性,投资顾问在信息获取方面更具优势;其三,投资顾问与投资者签订的合约是一种不完备契约。这种实质的不平等地位使得投资者需要依赖投资顾问进行投资理财,投资顾问在与投资者的关系中处于主导地位。正因为这种实质的不平等,投资者对投资顾问产生了信赖,二者之间存

---

① 李文莉、杨玥捷:《智能投顾的信义义务》,《人工智能法学研究》,2018年第1期;郑佳宁:《论智能投顾运营者的民事责任——以信义义务为中心》,《法学杂志》,2018年第10期;潘冠羽:《智能投顾模式下对信义义务的重构》,《公共财政研究》,2019年第3期;吴烨、叶林:《"智能投顾"的本质及规制路径》,《法学杂志》,2018年第5期。

智能投资顾问中的信义义务

在信赖利益关系，基于这种信赖，投资顾问应对投资者负担信义义务，并且信义义务可以有效防止受托人的权利滥用。信义义务产生的重要原因在于委托人无法通过其他法律途径防止受托人滥用权利。[1]

关于投资顾问信义义务内涵，李文莉、杨玥捷认为，信义义务是在信义关系中，受信人承诺为受益人的最大利益行事，要求受信人将受益人的利益置于首位。信义义务包括两方面内容，即注意义务与忠实义务。注意义务是指受托人要以一个合理谨慎的人在相似情况下所应达到的谨慎、勤勉程度履行其职责，若受托人未尽到该种谨慎义务，则应对委托人承担责任。注意义务要求投资顾问不断监测投资者状况，以实现投资者利益为目标，积极调查、收集相关投资信息，理性地作出投资建议或决策。忠实义务要求受托人将委托人的利益置于首位，当受托人利益与委托人利益存在冲突时，以委托人利益为重，不得为了自身利益损害委托人利益。在投资顾问业务中，投资者与投资顾问往往存在利益冲突，为保护投资者合法权益，美国在《1940年投资顾问法》中对投资顾问自我交易、双方交易行为进行限制，要求投资顾问应当向投资者履行信息披露义务并在征得投资者同意前不得进行交易。同时，美国《1940年投资公司法》对投资顾问向投资公司出售、购买证券或其他财产，投资顾问从投资公司获取贷款、向投资公司贷款，投资顾问与投资公司共同参与交易三类活动进行严格限制。[2]

关于投资顾问信义义务的外延，李文莉、杨玥捷认为，投资顾问信义义务外延主要包括信息披露义务与适当建议义务。信息披露义务主要是指，受托人应当向委托人披露所有与其委托事项相关的信息，对于披露标准则依据委托事项的重要性及委托人对受托人的信赖程度而定。适当建议义务通常是指，投资顾问应当根据投资者的情况向投资者推荐合适的证券。适当建议义务要求投资顾问对投资者以及相关金融产品进行相应的调查，在调查的基础上向投资者提供相应的投资建议。适当建议义务包括三个规则。一是"了解

---

[1] 李文莉、杨玥捷：《智能投顾的信义义务》，《人工智能法学研究》，2018年第1期。
[2] 李文莉、杨玥捷：《智能投顾的信义义务》，《人工智能法学研究》，2018年第1期。

绪 论

你的产品"。该规则要求投资顾问应对投资者的风险偏好充分知悉，并以此来判断某类理财产品是否适合该投资者。二是"了解你的投资者"。该规则要求投资顾问全面收集投资者相关信息，包括投资者年龄、财产状况、理财经验、风险偏好等，对投资者准确画像，从而科学地向投资者推荐理财产品。三是适量规则。该规则要求投资顾问应当根据投资者资产状况、交易情况确保提供的投资建议不会造成过度交易。[①]

潘冠羽在论述智能投顾对传统信义义务规制主体的冲击中谈到，信义义务起源于财产法中的信托义务，是一种保障受益人利益最大化的义务，包括忠实义务和注意义务两方面内容。信义义务原本适用于证券经纪人、资产管理机构等为投资者提供金融服务的金融机构，信义义务是信托关系中对受托人的约束义务，但随着科技发展、理财方式逐渐多样化，信义义务逐渐从信托领域扩展到代理关系等领域。同时，潘冠羽从信义义务产生的基础对传统投资顾问信义义务进行了阐述，在传统投资顾问法律关系中，投资者与投资顾问之间属于委托法律关系，但该委托法律关系不是投资顾问信义义务产生的基础，投资顾问信义义务产生的基础在于投资者对投资顾问专业水平的信赖。在传统投资顾问中，信义义务主要适用于经营机构和自然人，要求投资顾问在信义义务的适用范围内为投资者提供投资咨询服务，违反该义务给投资者造成损失的应承担赔偿责任。[②]

郑佳宁以智能投顾民事责任为出发点认为，信义义务是智能投顾承担民事责任的基础。郑佳宁在阐述智能投顾信义义务前首先对传统投资顾问信义义务进行了全面阐述。投资顾问的信义义务体现为投资顾问的忠实义务与勤勉义务。投资顾问的忠实义务要求投资顾问应当将投资者利益置于首位，应当以投资者利益最大化为目标提供投资咨询服务，为了避免利益冲突，投资顾问应向投资者全面、准确、及时地公开相关信息，尤其是利益冲突信息。投资顾问勤勉义务要求投资顾问忠于职守、勤勉尽责，在提供投资顾问服务

---

① 李文莉、杨玥捷：《智能投顾的信义义务》，《人工智能法学研究》，2018年第1期。
② 潘冠羽：《智能投顾模式下对信义义务的重构》，《公共财政研究》，2019年第3期。

智能投资顾问中的信义义务

时尽到一个谨慎、自主、有智慧的人处理自己事情一样的合理注意义务。投资顾问的勤勉义务主要体现为投资顾问的适当性义务和最佳执行义务。适当性义务要求投资顾问确保提供的投资建议与投资者的风险偏好等实际情况相符。为确保投资顾问履行适当性义务，投资顾问应当向投资者解释投资的分析方法及投资策略，以及该投资建议所涉及的风险。此外，投资顾问应当充分收集投资者财务状况、理财经验、投资收益预期等相关信息，并对以上信息实时更新，准确掌握投资者画像。最佳执行义务要求投资顾问对执行证券交易的证券经纪商的业务水平、服务费率、责任能力以及其他与执行证券交易有密切关系的信息进行全面的收集分析，对证券经纪商的执行情况及时进行评估并依据交易情况适时进行调整，确保投资者可以获得最佳收益。[1]

高丝敏基于智能投顾的主体识别与义务设定视角认为，在传统投资顾问模式中，投资顾问具备较丰富的专业知识和投资经验，投资者因对投资顾问的专业信赖与投资顾问之间形成信义关系，投资顾问应对投资者承担信义义务。投资顾问的忠实义务要求，投资顾问在遇到投资者利益与投资顾问个人利益、投资顾问机构利益或其他人利益发生冲突时，投资顾问能够将投资者利益置于首位，并且要求投资顾问在对投资者信息披露与投资者信息保护之间发生冲突时，不得为了某一投资者利益而泄露其他投资者的信息。投资顾问注意义务要求，投资顾问在接受投资者委托后能够以在相同的目标、情形中审慎投资顾问的标准行事，在给出投资建议时做到合理的谨慎和警惕，严格依照行业惯例、遵循一定的程序、保持高度的敬业态度。此外，高丝敏对投资顾问的信义义务产生及特点进行了详细论述。投资顾问与投资者订立投资顾问合同，二者之间形成委托合同关系，投资顾问应当依照委托合同履行义务。但投资者与投资顾问之间的委托合同并不是投资顾问信义义务产生的原因，投资顾问信义义务是因投资顾问服务本身的特殊性、投资者对投资顾问专业知识的信赖而产生的。因投资顾问业务的特殊性，其信义义务具有以

---

[1] 郑佳宁：《论智能投顾运营者的民事责任——以信义义务为中心的展开》，《法学杂志》，2018年第10期。

下特点。一是投资顾问平台应加强内控管理从而确保其工作人员在履职时能够满足信义义务的要求，同时管理人员亦应对投资顾问平台负有信义义务。二是由于具体提供投资顾问服务的工作人员不具有承担责任的物质保障，因此，投资顾问平台工作人员违反信义义务，应由投资顾问平台承担赔偿责任。①

杨东、武雨佳在分析智能投顾信义义务前对信义义务的起源、本质、内涵及其在证券投资领域的适用进行了系统阐述。杨东、武雨佳认为，信义义务起源于罗马法中的信托法，是受益人对受信人施加的一种信赖，以使受信人以诚信、忠实的态度为受益人的最大利益行事。信义义务的理论本质被认为源于委托—代理理论，因委托人与受托人之间可能存在利益冲突，加之二者之间信息不对称，为了避免受托人为了自身利益损害委托人利益，法律要求受托人对委托人承担信义义务，并要求受托人向委托人进行相应的信息披露。信义义务通常包含注意义务与忠实义务。注意义务要求受托人凭借自身专业知识，勤勉尽责地为委托人行事。忠实义务要求受托人不得滥用职权谋取私利，在履行职责中要忠于委托人利益，避免与委托人利益产生冲突。在证券投资领域，投资者与提供投资服务的金融机构形成金融服务法律关系，金融机构与投资者之间建立了信任关系。具体到证券投资顾问领域，投资顾问应秉持客观、中立态度为投资者提供投资服务，遵循持续、有效、透明、适度原则为投资者提供投顾服务，避免与投资者产生利益冲突，确保交易公平。②

（二）智能投顾中的信义义务基础理论研究

研究智能投顾中的信义义务首先应当对智能投顾进行全面分析，在分析智能投顾的法律特征、本质属性、法律关系等基础上正确理解智能投顾的信义义务。当前我国对于智能投顾的研究多从智能投顾含义、特征、优势等角

---

① 高丝敏：《智能投资顾问模式中的主体识别和义务设定》，《法学研究》，2018 年第 5 期。
② 杨东、武雨佳：《智能投顾中投资者适当性制度研究》，《国家检察官学院学报》，2019 年第 2 期。

智能投资顾问中的信义义务

度进行，但对于智能投顾运营者涉及法律关系的研究明显不足。在所检索文献中，大多数学者没有针对智能投顾的法律性质进行深入分析，仅有吴烨、叶林在《"智能投顾"的本质及规制路径》、郑佳宁在《论智能投顾运营者的民事责任——以信义义务为中心的展开》等文章中对智能投顾法律性质进行了深入分析。

关于智能投顾中的信义义务，学者主要从智能投顾的责任承担、法律监管、投资者保护等角度着手分析。当前，国内外学者对于智能投顾是否应承担信义义务已经基本达成共识，一致认为智能投顾是采用人工智能技术为投资者提供投资咨询服务的新兴产业模式，其与传统投资顾问并没有本质区别，智能投顾亦应承担传统投资顾问应当承担的信义义务。此外，关于信义义务承担主体，有学者提出智能投顾本身不是法律主体，没有独立承担责任的能力，其是智能投顾运营者从事投资顾问服务的工具，智能投顾运营者应是信义义务的承担主体。具体观点如下。

李文莉、杨玥捷认为，智能投顾的引入使得众多中小投资者可以获得投资咨询服务，但由于中小投资者在投资信息获取能力和专业能力方面与投资顾问存在较大差距，中小投资者需要依赖投资顾问的专业建议进行投资理财。在智能投顾不断发展的背景下，投资者对智能投顾的信赖不断加深，但也将为智能投顾的不当行为提供更多空间。在全权委托账户管理中，投资者往往不会主动对其账户进行监管，投资者选择全权委托账户管理则意味着投资者对智能投顾运营者给予了完全的信任，智能投顾运营者已经实际控制着投资者财产，并且对投资者财产享有较大的控制权和自由裁量权。为防止智能投顾运营者滥用管理权损害投资者利益，法律有必要要求智能投顾运营者对投资者承担信义义务。[1]

郑佳宁从分析智能投顾法律责任视角出发认为，智能投顾机器人是运营者提供投资顾问服务的工具，并不具有主体地位。虽然智能投顾业务中采用人工智能技术提供投资咨询服务，但并未改变投资者与智能投顾运营者之间

---

[1] 李文莉、杨玥捷：《智能投顾的信义义务》，《人工智能法学研究》，2018年第1期。

的法律关系。在智能投顾业务中，投资者委托智能投顾平台为其提供投资建议，二者属于委托合同关系，智能投顾运营者应当对投资者履行忠实义务和勤勉义务，智能投顾运营者因违反忠实义务和勤勉义务而承担的责任既不同于一般的违约责任也不同于一般的侵权责任，应当是一种特殊的法定责任。责任的构成须具备存有智能投顾法律关系、违反信义义务之行为和投资者因信义义务之违反而受有损害三个基本要件。①

汪庆华从智能投顾的法律规制视角对智能投顾法律关系及信义义务进行了分析。智能投顾在法律中不具有独立的主体地位，机器人为投资者提供投资建议对以传统投资顾问为监管对象的监管模式产生了挑战，需要重新审视智能投顾义务体系。在智能投顾法律关系中，智能投顾仅为投资顾问业务的延伸，智能投顾运营者应被视为受托人，应对投资者承担信义义务。②

陈娟、熊伟从智能投顾准入监管的短期应对角度分析认为，智能投顾资产组合管理本质上属于资产管理，智能投顾中的投资组合智能管理与人工投资顾问业务本质上是一致的。在法律关系方面，投资者因信赖投资顾问的专业能力及投资经验，相信投资顾问将会为其自身利益最大化行事，从而与投资顾问之间产生了信义关系。③

杨东、武雨佳以智能投顾投资者适当性为视角对智能投顾承担信义义务的必要性进行了分析。一是从法律关系分析，智能投顾运营者与投资者之间实质上属于委托—代理关系，虽然智能投顾运营者借助机器人从事投资咨询服务，但智能投顾运营者实质上依然是证券投资顾问，仍应承担信义义务。二是在智能投顾关系中，智能投顾运营者能够控制投资者账户，对投资者账户享有高度裁量权，然而投资者无法对智能投顾运行进行监控，处于弱势地位。三是在投资顾问关系中，投资者相对于投资顾问而言在专业能力、知识方面处于劣势地位。在智能投顾领域，互联网、人工智能技术的应用，使得

---

① 郑佳宁：《论智能投顾运营者的民事责任——以信义义务为中心的展开》，《法学杂志》，2018年第10期。
② 汪庆华：《人工智能的法律规制路径：一个框架性讨论》，《现代法学》，2019年第2期。
③ 陈娟、熊伟：《智能投顾的业务属性和准入监管研究》，《金融监管研究》，2019年第4期。

智能投资顾问中的信义义务

投资者更无法知悉智能投顾背后的算法、工作原理。因此，智能投顾运营者应承担信义义务，有效保障投资者利益。①

Bret E. Strzelczyk 从智能投顾投资者保护视角指出，为了保护投资者利益，美国采取众多法律对金融市场进行监管，其中关于智能投顾的监管，美国《1940 年投资顾问法》通过在投资者与投资顾问之间设立信义义务来保护投资者。由于投资者的长期财富管理依赖其财务顾问的专业知识和专业精神，这种信义义务为投资者提供了更高的保护。②

John Lightbourne 从智能投顾的监管角度对智能投顾信义义务进行分析，他认为智能投顾是法律规制的核心，应确保智能投顾对投资者履行信义义务。③

Nicole G. Iannarone 通过对智能投顾信息披露的反思提出，尽管看起来金融专业人员的行为是在为投资者最大利益而行事，但只有受美国《1940 年投资顾问法》监管的投资顾问才对投资者承担信义义务。根据《1940 年投资顾问法》，无论是人工投资顾问还是智能投顾，投资顾问只有在充分披露信息、避免利益冲突并从投资者的最佳利益出发时，才达到了信义义务的标准。④

Jake G. Rifkin 从智能投顾对统一标准的呼吁角度对信义义务进行了分析，提出投资顾问受《1940 年投资顾问法》的约束，该法对在美国证券交易委员会（SEC）注册的所有投资顾问都规定了信托义务标准。《1940 年投资顾问法》将"投资顾问"定义为任何以营利为目的通过出版物或其他书面形式就证券价值、购买或抛售证券向他人提供建议的人。《1940 年投资顾

---

① 杨东、武雨佳：《智能投顾中投资者适当性制度研究》，《国家检察官学院学报》，2019 年第 2 期。
② Bret E. Strzelczyk, "Rise of the Machines: The Legal Implications for Investor Protection with the Rise of Robo-advisors," *DePaul Business & Commercial Law Journal*, Vol. 16, Issue 1 (2017), p. 56.
③ John Lightbourne, "Algorithms & Fiduciaries: Existing and Proposed Regulatory Approaches to Artificially Intelligent Financial Planners," *Duke Law Journal*, Vol. 67, Issue 3 (December 2017), p. 653.
④ Nicole G. Iannarone, "Rethinking Automated Investment Adviser Disclosure," *University of Toledo Law Review*, Vol. 50, Issue 3 (Spring 2019), p. 438.

绪 论

问法》反映了美国国会认可投资咨询关系的信托性质，并且美国国会的目的是消除或至少披露所有可能导致投资顾问利益冲突的情形。根据《1940年投资顾问法》，投资顾问是受托人，该信托标准适用于投资顾问的整个投资者及潜在投资者关系，并要求投资顾问诚信、充分、公平地披露所有重要事实，以及采取积极的措施，避免误导投资者。要求投资顾问承担信义义务不是美国 SEC 制定的规则、投资者与投资顾问之间合同所规定的，而是由投资者与投资顾问之间的关系性质决定的，是由法律强加给投资顾问的，因此该信义义务不能通过约定而免除。在分析《1940年投资顾问法》的合规情况时，美国 SEC《投资者指南》强调了智能投顾应该特别关注的三个具体领域：一是信息披露，二是提供投资建议的适当性，三是有效的合规体系。最重要的是，美国 SEC 在其《指南更新》中指出，与所有注册的投资顾问一样，智能投顾必须遵守《1940年投资顾问法》的实质性义务和信托义务。因此，智能投顾应承担其他任何投资顾问应负的信托义务。[①]

Alexandra M. Jones 认为信义义务适用于任何对他人抱有特殊信任的人，主要指"正直和忠诚"，考虑的是"公平交易和诚实守信"。在智能投顾业务中，部分人对智能投顾提出了批评意见，由于智能投顾向投资者提供的调查问卷过于笼统并且没有考虑投资者的投资经验和投资需求，因此认为智能投顾未能满足信义义务。此外，学者们认为，智能投顾缺乏投资规划中的人性化因素。拉特格斯大学（Rutgers University）法学院教授阿瑟·拉比（Arthur Laby）解释称，投资顾问受托责任的两个基本要素是人际关系和判断力。此外，机器会错过对话中产生的问题以及仅通过人与人之间的交流而获得的其他信息。为规范智能投顾市场，有学者建议美国 SEC 应要求智能投顾运营者披露利益冲突以及有偏见的算法。[②]

---

① Jake G. Rifkin, "Robo-advisers Jumping on the Bandwagon: Yet Another Cry for a Uniform Standard," *North Carolina Law Review*, Vol. 97, Issue 3 (March 2019), pp. 679–700.
② Alexandra M. Jones, "Old Days are Dead and Gone: Estate Planning Must Keep Its Head Above Water with the Changing Tide of Technology," *Estate Planning & Community Property Law Journal*, Vol. 11, Issue 1 (Fall 2018), pp. 175–176.

智能投资顾问中的信义义务

智能投顾涉及众多利益冲突，利益冲突是其承担信义义务的重要原因之一。在投资顾问领域，投资顾问通常通过投资者支付的佣金获取利润，这就可能在投资者与投资顾问之间产生利益冲突。如果投资顾问的行为不符合投资者最佳利益，投资者可以依据相关法律认为投资顾问违反信义义务，并要求赔偿损失。在智能投顾领域，与对传统投资顾问的期望类似，投资者可能希望其智能投顾受到政府或监管机构的监管，并承担严格的信义义务，以确保智能投顾能够为了投资者最大利益行事。①

（三）智能投顾对信义义务的挑战

智能投顾作为投资顾问领域新兴的产业模式，有效提高了投资顾问服务效率，降低了投资服务成本，增强了金融普惠性。但智能投顾本质上依然属于投资顾问，依然应当对投资者承担信义义务。但由于人工智能、互联网、大数据等科技的引入，智能投顾更具有其特殊性，投资顾问关系更加复杂、运营模式更加隐蔽并且带来新的风险，智能投顾在实践中违反信义义务、损害投资者利益的可能性更高。智能投顾对信义义务的挑战主要体现在以下几个方面。其一，算法"黑箱"使得智能投顾运营者利用投资者对算法的不知情，损害投资者利益。其二，智能投顾运营者未能充分收集投资者信息，尚未做到了解投资者、了解产品，未能向投资者提供适当的投资建议。其三，智能投顾运营者信息披露不充分，致使存在利益冲突的潜在威胁。其四，智能投顾运营者网络安全防护措施不足，给网络安全、平台稳定运行、投资者数据保护带来威胁。其五，智能投顾运营者对投资者账户具有较大控制权和裁量权，智能投顾运营者可能存在不当行为损害投资者利益。智能投顾的信义义务要求智能投顾运营者忠于职守、勤勉尽责、以投资者为重，最大限度地为投资者利益最大化行事，一旦智能投顾运营者行为构成对信义义务的违反，将要对投资者承担相应的赔偿责任。

李文莉、杨玥捷认为智能投顾引入互联网、人工智能技术将对传统信义

---

① Dominic Litz, "Risk, Reward, Robo-advisers: Are Automated Investment Platforms Acting in Your Best Interest," *Journal of High Technology Law*, Vol. 18, Issue 2（2018）, pp. 369–375.

绪 论

义务造成挑战，主要表现在以下几个方面。一是算法"黑箱"与算法歧视。智能投顾背后是智能算法，这种算法对投资者而言无疑是"黑箱"。智能投顾的算法原理、参与编写算法的第三方与投资顾问、投资者是否存在利益冲突，智能投顾运营者在多大程度上参与投资者账户管理等信息均应向投资者披露，否则将违反信义义务。此外，智能投顾存在算法歧视现象，智能投顾运营者可能根据投资者风险偏好的不同，针对同一理财产品对不同的投资者设定不同的价格，或将投资者分级，对优质投资者进行偏向性分配。二是数据获取、数据质量与数据保存问题。部分智能投顾平台在数据获取方面存在障碍，以至于无法获取更多的数据，在未获取完整数据的情况下智能投顾平台难以针对具体投资者提供科学、准确、个性化的投资建议，难以对投资者提供适当的投资建议。同时，互联网、人工智能技术的应用对投资者信息保护产生新的威胁。智能投顾运营者在投资者信息保护方面出现问题，将违反信义义务。三是业务连续性问题。智能投顾业务要求智能投顾平台对投资者账户进行持续监测，并随时进行资产重新组合，但若智能投顾平台未能对投资者账户进行持续监测而错失良机致使投资者利益受损，则智能投顾运营者将违反信义义务。四是智能投顾中的人工因素问题。当前智能投顾发展尚处于初始阶段，实践中多以"AI + 人工"模式为投资者提供投资顾问服务。在智能投顾提供服务时，若人工智能基于算法给出适当的投资建议，但智能投顾运营者基于自身利益以人工干扰智能投顾作出的投资建议，加之该种干扰具有较强隐蔽性，投资者将难以发觉该投资建议不利于自身利益最大化。五是第三方信赖关系。智能投顾发展高度依赖第三方技术开发者，若第三方技术开发者出现破产等问题，则将使得智能投顾平台难以维系运作，将对智能投顾业务的安全性带来挑战。同时，依靠第三方进行技术支持，存在潜在的利益冲突。例如，智能投顾运营者与开发智能投顾算法的第三方存在利益冲突。六是责任认定不明确。智能投顾的应用涉及多方开发主体，包括算法开发者、智能投顾运营者及其工作人员等，若智能投顾算法出现问题导致投资者利益损失，第三方算法开发机构是否应对投资者赔偿，并且如何划清算法

智能投资顾问中的信义义务

与人类参与的责任范围等均有待进一步明确。①

潘冠羽从信义义务规制主体及内容两方面阐述了智能投顾的出现对传统投资顾问信义义务的挑战。在信义义务规制主体方面，智能投顾的出现改变了以往人工提供咨询服务的方式，投资咨询服务由设定好的算法提供，由程序代替人工向投资者提供投资建议。因此，信义义务规制主体由自然人变为智能投顾的算法。但实践中智能投顾算法通常由第三方设计，在这种情况下智能投顾运营者应承担信义义务，但算法开发者是否应承担责任成为难题。若算法开发者不受信义义务约束，则会造成算法开发者不受规制，但若让所有的算法开发者承担信义义务则将提高算法开发成本，不利于科技进步，因此应进一步明确信义义务的主体。在信义义务内容方面，由于我国法律禁止投资咨询机构接受投资者全权委托，因此，智能投顾运营者不受信托法下信义义务的约束。此外，智能投顾背后的算法处于"黑箱"状态，算法的缺陷、人为的干涉导致智能投顾存在损害投资者利益的可能。并且，由于智能投顾算法质量参差不齐，加之我国对智能投顾算法尚缺少统一的技术标准，因此应对智能投顾信义义务内容进行再定义。②

刘沛佩以智能投顾监管为视角表达了对智能投顾运营者信义义务的担忧。刘沛佩认为在传统投资顾问关系中，投资顾问应对投资者负担较为严格的信义义务。在智能投顾中，智能机器人的引入将投资者对传统投资顾问的信赖，转而通过智能投顾来实现，因此传统投资顾问所承担的信义义务在智能投顾领域依然适用。但互联网、人工智能的介入使得智能投顾中投资者对投资顾问的信任表达更虚拟化，使得投资者与智能投顾平台之间的信息不对称更加严重。在法律尚未对投资者处于信息弱势进行有效救济的情况下，智能投顾平台信息披露不足，极易导致智能投顾平台违反信义义务。③

李文莉、杨玥捷从智能投顾特殊性对法律的挑战视角阐述了智能投顾业

---

① 李文莉、杨玥捷：《智能投顾的信义义务》，《人工智能法学研究》，2018年第1期。
② 潘冠羽：《智能投顾模式下对信义义务的重构》，《公共财政研究》，2019年第3期。
③ 刘沛佩：《我国证券市场智能投顾发展的监管思考》，《证券市场导报》，2019年第1期。

务界限不清对传统投资顾问信义义务带来的新挑战。智能投顾全权委托账户管理业务使得证券经纪商与投资顾问不断融合，造成证券经纪商、交易商与投资顾问界限不清。投资顾问与证券经纪商、交易商的融合使得智能投顾平台对投资者账户拥有更大的控制力，因此应负有智能投顾信义义务。但智能投顾具有较强特殊性极易导致对信义义务的违反，主要体现在以下几个方面。一是利益冲突。由于智能投顾平台与证券经纪商、交易商之间存在密切关系，因此二者之间可能存在利益冲突。同时，实践中大多数智能投顾算法由智能投顾平台委托第三方研发，因此智能投顾平台与智能投顾算法的研发者之间可能存在利益冲突。此外，当智能投顾平台获得证券投资咨询与证券经纪业务两张牌照时，智能投顾平台存在自我交易的可能。二是智能投顾平台操纵交易。投资者进行投资需要支付交易费用，因此投资顾问为了获取更多交易佣金可能会不当诱使投资者进行过度交易。并且，由于智能投顾平台管理的资产越多则收取的佣金越多，智能投顾平台为了吸引投资者可能将盈利较好的投资组合推荐给账户资产更多的投资者，由此造成账户资产越多收益越高的假象，此时投资者的资产将面临被操纵的可能。三是投资者信息安全。智能投顾平台为实现投资者的精准画像，需要收集投资者大量信息。智能投顾平台掌握着投资者的大量信息，在智能投顾平台未建立可靠网络安全防控系统的情况下，投资者个人信息极易遭受侵袭。四是业务连续性问题。智能投顾算法可能存在技术故障或其他风险，以至于造成投资顾问业务出现中断现象。[①]

李晴从智能投顾风险角度指出，因智能投顾具有特殊性，经营者极易违反信义义务。信义义务最初来源于信托法，要求受托人为了委托人利益最大化而行事。在智能投顾领域，由于互联网、人工智能技术的引入，投资者与智能投顾平台之间产生了新的信息不对称，但监管机关尚未对智能投顾信息披露形成统一的标准，智能投顾领域产生了灰色地带，为智能投顾违反信义

[①] 李文莉、杨玥捷：《智能投顾的法律风险及监管建议》，《法学》，2017年第8期。

义务提供了便利。①

郭雳、赵继尧从智能投顾发展对法律的挑战视角阐述了智能投顾对传统投资顾问信义义务的挑战，主要体现在以下几个方面。其一，智能投顾平台对投资者风险偏好测评不足。首先，智能投顾平台在收集投资者信息时，对投资者财务情况调查不够充分，问卷问题有限，无法全面评估投资者的资产状况。其次，对投资者风险偏好测评缺乏持续性，投资者收入、支出等状况具有变动性，但智能投顾平台对其缺乏动态持续性测评，无法及时更新投资者财务状态。最后，部分智能投顾运营者未对投资者风险测评记录进行保存，投资者退出应用再次登录时无法查看测评记录。其二，信息披露不足。智能投顾背后算法对于投资者而言无疑是"黑箱"，在监管不到位情况下，智能投顾平台大多未对其运用的算法、交易第三方、管理人员背景等相关信息进行披露，使得智能投顾与投资者之间存在利益冲突的可能。此外，由于智能投顾市场鱼龙混杂，存在大量"伪智能投资平台"，算法质量低劣，无法满足投资者投资需求，给投资者利益带来严重威胁。其三，投资者保护不足。实践中，智能投顾平台通常采用电子格式条款与投资者签约，智能投顾平台往往利用其优势地位，设计不平等的条款，侵害投资者利益，例如强制性约定仲裁条款、在协议中设置免责条款等。②

陈伟从智能投顾的特殊性出发对智能投顾信义义务的特殊性进行了分析。智能投顾具有以下特殊性。其一，利益冲突更具复杂性。在投资者全权委托账户管理的情形下，智能投顾运营者往往需要与证券经纪商合作，二者在为投资者提供投资资询服务时可能将智能投顾算法设计为优先选择该经纪商的金融产品，使得二者与投资者存在利益冲突。此外，智能投顾平台与开发智能投顾算法的第三方以及投资者之间亦可能存在利益冲突，智能投顾平台在取得证券投资咨询牌照与证券经纪业务牌照后可能存在自我交易的情形。其二，不当行为易操纵。在智能投顾关系中，智能投顾平台相较于投资

---

① 李晴：《智能投顾的风险分析及法律规制路径》，《南方金融》，2017年第4期。
② 郭雳、赵继尧：《智能投顾发展的法律挑战及其应对》，《证券市场导报》，2018年第6期。

者而言具有较强的信息获取能力,并具有专业的知识和投资经验,二者存在严重的信息不对称现象。智能投顾平台可能利用该信息优势隐瞒投资真相,损害投资者利益。在全权委托管理账户中,智能投顾平台对投资者账户具有较大的控制权和裁量权,加之智能投顾平台与投资者签订格式合同的不对等性给予了智能投顾平台更多实施不当行为的空间。其三,智能投顾在收集投资者信息时未做到信息收集的全面性与准确性。其四,在智能投顾的应用下,投资顾问服务存在算法设计、软件维护、网络故障等风险,并且投资者信息保护面临智能投顾平台内部风险与外部风险的挑战。智能投顾上述的特殊性使其更容易违反信义义务,因此对于智能投顾的信义义务应具有更为特殊的要求。①

(四)智能投顾信义义务的重建

智能投顾引入互联网、人工智能、大数据技术,对传统信义义务形成挑战。为规范智能投顾健康发展,保护投资者合法权益,应赋予智能投顾信义义务新的内涵。基于智能投顾的特殊性,以及对传统信义义务的挑战,智能投顾信义义务新内涵应包含以下内容。其一,信息披露义务。智能投顾运营者应主动披露智能投顾的模型、算法假设等信息,并充分披露交易的关联方,避免利益冲突。其二,投资者适当性义务。智能投顾运营者应充分收集投资者信息,优化调查问卷、精确投资者画像,确保智能投顾能够依据采集的信息为投资者提供适当的投资建议。其三,扩大信义义务主体范围。应将智能投顾交易模型构架师、软件监控人员纳入信义义务主体范围。其四,智能投顾运营者应加强网络安全防控系统建设,确保投资者信息安全。其五,智能投顾运营者应加强算法的评估与实时监测,确保智能投顾运行的稳定性。其六,智能投顾运营者应加强内部合规性关系的建立,设置首席合规官,对各项业务进行合规性监管。深入分析智能投顾可能对投资者产生的威胁,赋予智能投顾信义义务新的内涵既是促进智能投顾产业规范发展的重要举措亦是保护投资者合法权益的要求。

---

① 陈伟:《智能投顾中的信义义务》,硕士学位论文,西南政法大学,2018。

智能投资顾问中的信义义务

李文莉、杨玥捷从智能投顾对传统投资顾问信义义务的挑战着手，对智能投顾运营者的信义义务提出了以下观点。一是智能投顾的注意义务。由于智能投顾采用互联网、大数据、人工智能技术，存在较高的网络安全风险，因此智能投顾运营者应积极采取相应的安全保障措施，建立相应的风险防控系统，确保投资者信息安全以及平台安全有效运行。二是智能投顾的忠实义务。智能投顾忠实义务主要包括为投资者提供适当的投资建议，智能投顾运营者应制定有效的内部合规程序，建立政府监管、行业自律、平台内控的多层次监管体制和责任追究机制，对利益冲突、投机行为、内幕交易行为给予严厉处罚。三是智能投顾的信息披露义务。监管部门应尽快制定智能投顾平台信息披露指引，确保智能投顾平台披露信息满足充分、准确、完整、易读等要求。具体措施主要包括建立算法公证制度、智能投顾注册备案制度，确保智能投顾平台信息披露的充分性。同时，智能投顾平台应向投资者披露平台的经营范围、服务费用标准等，保障投资者知情权。此外，智能投顾平台应向投资者全面披露智能投顾的服务模式，算法的假设及其缺陷、风险，确保信息披露的完整性。智能投顾平台应设置相应弹出框等提示投资者相关信息，确保信息披露的易读性。四是智能投顾的适当建议义务。一方面，智能投顾平台要评估投资者的风险容忍度，全面、科学、完整地收集投资者相关信息，科学设置调查问卷，建立合格的投资者制度；另一方面，智能投顾平台要建立承诺担保制度，对投资者的适当建议作出承诺，确保提供的投资建议与投资者风险偏好相匹配。①

潘冠羽从智能投顾对传统投资顾问信义义务的冲击着手，认为智能投顾的出现使得需要对投资顾问的信义义务进行重新定义。一方面，应扩大信义义务的约束主体。由于人工智能尚未被赋予民事责任地位，无法独立承担民事责任，因此，智能投顾运营者应承担信义义务。对于智能投顾的研发者，包括程序设计者、交易模型构架师等是否应受信义义务约束不能一概而论。由于智能投顾是通过算法模拟投资经理对投资者提供投资建议，在算法的设

---

① 李文莉、杨玥捷：《智能投顾的信义义务》，《人工智能法学研究》，2018年第1期。

绪 论

计中，交易模型构架师通过专业的金融投资知识建立模型，该模型是智能投顾的核心。交易模型构架师构建的交易模型会对智能投顾提供的投资建议产生影响，因此交易模型构架师应受信义义务的约束。对于设计智能投顾软件的技术人员而言，其所做的工作是将构架师的设想转变为算法，不具有偏向性。但由于智能投顾算法运行需要持续更新、需要具有专业能力的监督人员确保算法的正常运行，因此智能投顾软件的监控人员应受信义义务的约束。另一方面，应增加信义义务的内容。智能投顾对于投资者而言是看不清的"黑箱"，因此智能投顾运营者应向投资者披露智能投顾所运用的算法，同时应将与智能投顾有关的特殊商业习惯、关联风险，投资者账户算法功能、算法管理账户等潜在风险，以及算法可能涉及的利益冲突等信息向投资者披露。在披露时还应注意兼顾投资者的知情权与算法核心科技的保护。此外，在智能投顾领域，谨慎义务不仅包括智能投顾应在尽职调查的基础上给出合适的投资建议，还应做到千人千面，针对不同的投资者给出个性化建议。勤勉义务应将智能投顾平台防范网络安全、保护投资者个人信息、建立网络安全防火墙等纳入义务范畴。对于算法开发者而言，要确保算法能够将投资者风险偏好与市场特征相结合，对投资者的投资需求给予适当性判断，提出的投资建议应满足不同投资者的需求。[①]

郑佳宁认为，虽然智能投顾的引入给投资顾问业务带来较大影响，但投资顾问的信义义务基础并未改变，仅是具体内容发生了改变，因此应当对智能投顾信义义务进行更新。其一，忠实义务的更新。由于智能投顾运营者对机器人的运行具有较强的控制力，运营者可以通过机器人算法设计谋取私利。投资者无法获知智能投顾背后的工作原理及投资建议的生成过程，因此忠实义务应当要求加强智能投顾的信息披露，要求智能投顾运营者以合理的方式，全面、真实、准确地披露算法涉及或可能涉及的利益冲突。其二，勤勉义务的更新。相较于传统投资顾问勤勉义务，智能投顾的勤勉义务要求智能投顾运营者尽最大努力确保投资者利益最大化。为此，智能投顾运营者应

---

① 潘冠羽：《智能投顾模式下对信义义务的重构》，《公共财政研究》，2019 年第 3 期。

智能投资顾问中的信义义务

当做到以下几点。一是要合理设计调查问卷，确保智能投顾能够通过投资者的回答充分了解投资者风险偏好等情况，确保智能投顾生成的投资建议与投资者风险偏好、投资预期相适应。此外，应设计问卷答案冲突处理机制，对于投资者前后回答不一致的情况，应及时提醒投资者重新慎重回答。二是确保智能投顾算法的有效性。为此，智能投顾运营者应对智能投顾算法的基本假设、投资模型、运算方法等进行合理设计，在智能投顾运营中，不断对智能投顾算法进行监测并持续优化更新。三是确保智能投顾安全有效运行。为此，智能投顾运营者应对智能投顾进行实时监测和维护，积极建立网络安全防护机制。[1]

高丝敏运用长臂规则解释了智能投顾信义义务的承担主体，认为智能投顾本身是运营者获取信息的长臂，运营者可以通过智能投顾与投资者接触并收集相关信息，因此智能投顾信义义务主体应当为智能投顾运营者。对于智能投顾算法研发者是否应承担信义义务，高丝敏认为应区分提供交易模型的金融从业者与程序算法的设计者。对于提供交易模型的金融从业者，应认定其为受托人，受到信义义务的约束；对于程序算法的设计者，则仅应认定其为受托人的辅助人，不应负有其信义义务。由于需要对智能投顾算法进行检查，并要进行持续性检查，因此智能投顾算法监督人员应负有信义义务。但由于智能投顾算法监督人员并不与投资者直接接触，因此其所承担的信义义务主要是确保智能投顾能够持续有效地提供投资咨询服务，并且确保智能投顾提供的投资咨询服务质量能够达到一位合格人工投资顾问提供的服务标准。相较于传统投资顾问信义义务，应赋予智能投顾信义义务新的内涵。对于忠实义务而言，智能投顾忠实义务的设定主要作用在于防止算法中存有损害投资者利益的设置。为此，可以在法律上要求智能投顾运营者证明算法设计不存在可能导致结果偏差或者损害投资者利益的参数。由于实践中智能投顾的发展水平参差不齐，通过谨慎义务的设定可以确保智能投顾所提供服务

---

[1] 郑佳宁：《论智能投顾运营者的民事责任——以信义义务为中心的展开》，《法学杂志》，2018年第10期。

绪 论

的质量。智能投顾的信义义务要求受托人应以一个理性的人应负有的谨慎义务提供投资咨询服务,要求受托人确保算法能够有效执行预期的任务,确保算法产生的结果不会超过合理的偏差,不会造成投资者利益损害。

陈雪从智能投顾民事责任角度对智能投顾信义义务进行了分析,认为法律规定智能投顾平台应对投资者承担信义义务,智能投顾平台工作人员因违反诚实信用原则、勤勉义务、谨慎义务而给投资者带来损害的,智能投顾平台应承担赔偿责任。智能投顾平台的信义义务主要指智能投顾平台应遵循行业公认的谨慎、诚信、勤勉态度为投资者提供投资咨询服务。信义义务又可以进一步分为注意义务和忠实义务。注意义务要求智能投顾平台应像处理自己事项一样保持审慎的态度为投资者提供投资建议。忠实义务要求智能投顾平台尽最大努力为了投资者利益最大化而行事。智能投顾平台信义义务的核心在于确保提供的投资建议符合投资者适当性原则,因此智能投顾平台不仅要做到了解投资者及产品,还应对算法负责,对算法的设计进行监督、测试,并确保算法的有效性及稳定性。[①]

李文莉、杨玥捷通过对智能投顾的特殊性分析,认为智能投顾视野下投资顾问信义义务应包括以投资者最佳利益行事的义务,主要包括两方面。其一,注意义务。智能投顾下的注意义务要求智能投顾加强网络安全防控系统建设,加强投资者信息保护,谨防他人恶意侵犯投资者信息。此外,智能投顾平台应加强智能投顾算法的监测,确保智能投顾安全、稳定、连续运行。其二,忠实义务。智能投顾下的忠实义务要求智能投顾平台做到以下几点。一是确保为投资者所提供建议的合理性。为此智能投顾平台应做到调查问卷中的问题全面、科学、清晰,必要时给予投资者适当提醒,并对投资者回答前后矛盾设置相应对策。二是要求智能投顾平台设置内部合规程序,并委任一名具备人工智能知识与法律合规知识的首席合规官。此外,可以设立投资决策委员会负责对智能投顾算法的监督,对算法开发的第三方进行尽职调

---

① 陈雪:《人工智能时代智能投顾民事责任认定研究》,《海南金融》,2019年第7期。

查，并对投资资产组合分析工具所运用的场景进行评估。①

为破解智能投顾对传统投资顾问信义义务的挑战，促进智能投顾规范发展，保护投资者合法权益，郭雳、赵继尧从优化调查问卷、完善信息披露制度、完善平台内部管理方面对智能投顾的信义义务提出了新的要求。其一，优化调查问卷，建立格式合同备案制度。一方面，监管部门应设立投资者问卷调查最低标准，确保智能投顾平台全面收集投资者的收入、支出、消费、债务等财务信息。同时，设置问卷弹出框等提示功能，减少投资者回答错误情形。另一方面，智能投顾平台设计的格式合同应接受监管部门审查，对于显失公平的免责条款，应要求其修改。其二，智能投顾应充分、准确、持续进行信息披露。全面披露智能投顾平台经营信息，采取弹出框等形式，采用通俗、简洁的语言向投资者披露相关信息。其三，智能投顾平台应建立完善的内部风险管理系统。在内部风险管理系统建设方面，应设立智能投顾首席风险官，建立合规稽查体系，对各项业务进行监督。在风险控制方面，应建立风险管理体系，采取文件化测试手段，明确算法目的与设计，并对算法进行动态监测，同时强化交易留痕处理。②

陈伟认为智能投顾具有其特殊性，应对智能投顾信义义务提出新的要求。一方面，智能投顾有特殊的忠实义务。一是信息披露义务。由于智能投顾利益冲突的复杂性，有必要对利益冲突信息披露加以特殊规定。在信息披露内容方面，智能投顾平台应当对可能影响交易公正的各种重大利益冲突信息进行全面披露，将其与证券经纪商、算法开发商的关系进行充分披露，并对资产组合中的金融产品信息进行充分披露。此外，智能投顾平台还应将佣金收取情况进行披露。在信息披露形式方面，智能投顾平台应确保信息披露准确、简洁，对于重要信息以弹框、加粗等明显方式履行提示义务，并将关联交易方情况报送监管部门备案。二是特殊的不当图利禁止义务。应明确智能投顾平台不得采用过度交易谋取私利，不得私自挪用投资者账户资金。另

---

① 李文莉、杨玥捷：《智能投顾的法律风险及监管建议》，《法学》，2017年第8期。
② 郭雳、赵继尧：《智能投顾发展的法律挑战及其应对》，《证券市场导报》，2018年第6期。

一方面，智能投顾有特殊的勤勉义务。一是充分分析投资者需求，做到了解投资者、了解产品。确保调查问卷能够充分收集投资者信息，问卷问题足够精确、通俗易懂，并对投资者不理解的问题给予解释，对投资者前后回答不统一的情况给予提示。除调查问卷外，智能投顾平台还应设置相应的辅助措施对投资者信息进行全面收集。二是算法的评估与更新。智能投顾平台应对算法依据的数据资料、算法目的是否符合投资者需求、软件程序是否依照算法执行等进行评估。此外，智能投顾平台应对智能投顾基础理论模型进行及时评估与更新。三是持续建言义务。对于业务资质、种类，金融产品及收费标准，算法模型等一般性事项，智能投顾平台应通过其网站以文字或弹窗等形式进行提示。对于高风险性、高投机性的资产组合，智能投顾平台除应履行一般提示义务外，还应通过警示、建议等方式对投资者进行一定的建言指导。对于紧急情况，智能投顾平台还应在必要时介入人工服务，及时告知投资者情况，并给予投资者合适的建议。四是安全保护义务。首先，智能投顾平台应完善内部控制机制，设置数据访问权限，对不同投资者账户、数据分开管理。其次，智能投顾平台应建立网络安全防控系统，设计多层次的管理方案，增设防火墙系统，确保投资者数据安全。[①]

（五）评价

当前，学界关于智能投顾模式下信义义务的研究有成绩亦有不足。成绩主要体现在对投资顾问信义义务的起源、内涵，智能投顾特殊性对信义义务的挑战，智能投顾信义义务的重构等方面进行了初步研究，并已经形成少量的研究成果。研究不足之处主要表现在以下几个方面。第一，对智能投顾信义义务的研究成果较少，并且主要是期刊论文，博士论文、著作尚处于空白。第二，对智能投顾信义义务的研究理论深度不足，并且研究缺乏调研数据、例证的支撑。第三，对智能投顾信义义务的研究缺乏系统性，尤其是关于智能投顾信义义务新内涵的构建仅限于就事论事，缺乏宏观顶层系统性设计。当前，学界关于智能投顾信义义务的研究尚处于初步阶段，尚有大量空

---

① 陈伟：《智能投顾中的信义义务》，硕士学位论文，西南政法大学，2018。

白领域有待进一步研究分析。

三 理论意义及实践价值

（一）理论意义

探索传统投资顾问的信义义务标准如何适用于智能投顾，构建智能投顾独特的信义义务体系，在科技金融发展过程中至关重要，不但可以丰富信义义务理论体系的研究，而且可以进一步将投资者保护理论、信义义务理论和智能投顾理论有效结合，创新新时代智能投顾发展的基础理论支撑。

（二）实践价值

我国智能投顾尚处于探索阶段，没有出台有针对性的法律法规。本书研究如何从智能投顾的概念出发，结合法学与经济学理论总结智能投顾的规制障碍，在分析与借鉴域外立法与实践经验的基础上，提出完善我国智能投顾信义义务的法律建议。在对智能投顾信义义务理论分析的基础上，以投资者为核心平衡金融创新与风险防控，从多个方面提出法治化建议，具有现实指导意义。

四 研究方法

（一）规范研究法与实证分析法相结合

本书将借助电子数据库等收集智能投顾的法律文献与立法动态等，对相关单位进行深度访谈与问卷调查，以发现和总结我国智能投顾的问题与出路。

（二）经济分析与模型构造相结合

在工具选择部分针对不同路径与类型构建模型，分析不同模型之间的法律关系，衡量哪种规制模式更能实现金融安全与金融创新的平衡。

五 研究创新

本书提出以下创新观点。

第一，投资咨询关系天然具有信义义务适用的根基，传统投资咨询关系与人工智能等先进技术相结合的智能投顾并没有改变投资咨询关系的信义义务基础。相反，由于智能投顾算法的复杂性和高风险性，投资者保护面临严重挑战，更应该强调智能投顾的信义义务法律关系本质。

第二，根据交易成本理论，信义义务制度应当作为投资者与智能投顾运营者建立投资咨询关系内部机制的重要组成部分。投资咨询关系的优势在于相对于投资者直接投资的外部机制，投资咨询关系可以为投资者节约交易成本。

第三，揭开智能投顾的面纱，信义义务的承担主体应当是智能投顾运营者，其中的人工顾问及平台开发者也应当作为信义义务承担的其他主体。

第四，智能投顾复杂的商业结构扩大了利益冲突，智能投顾信义义务履行的基础在于信息披露，信义义务履行监管的重点在于利益冲突。

第五，智能投顾信义义务体系的构建迫在眉睫，立法者应当从基本理念、原则、制度三方面入手，尽快制定智能投顾法。

第六，审视了我国立法的不足并提出了完善建议。

第一章 智能投顾模式下信义义务的正当性

第一节 智能投顾的界定

尽管智能投顾被业界视为金融科技最火热的风口,智能投顾平台大量涌现,这种利用人工智能技术的投资模式一时间风靡全球,管理资产呈几何级增长,达到万亿美元规模,但无论是业界还是监管部门、理论界抑或是实务界,都没有就智能投顾的定义达成共识。这为监管部门带来困惑,因为制定相关规范、实施有效监管、确保行业健康发展、保护投资者、防范金融风险的前提是必须对智能投顾本身进行清晰的界定。本节考察具有代表性的主流智能投顾平台的商业模式及其功能作用,总结出智能投顾的基本特征,最后再根据这些共性因素,尝试对智能投顾进行定义。

一 智能投顾的商业模式

根据不同的标准,智能投顾的商业模式可以进行不同的分类。根据是否有人工顾问的干预可分为完全自动化模式、人工顾问辅助自动化模式和智能机器辅助人工顾问模式;根据是否为投资建议的执行主体、是否由智能投顾平台执行投资决策可分为完全委托账户模式、半委托账户模式、无委托账户模式(单纯建议模式)。[①] 通过不同的分类标准,我们更加清楚地认识到智能投顾的本质,下面进行详细分析。

(一)根据是否有人工顾问的干预进行分类

以高度严谨的态度来看,世界上目前不存在绝对无人化的智能投顾,虽

[①] 姜海燕、吴长凤:《智能投顾的发展现状及监管建议》,《证券市场导报》,2016年第12期。

第一章　智能投顾模式下信义义务的正当性

然许多人关注的是智能投顾革命性的计算机便利性和人工智能的自动决策方面，但更重要的是不能忽视人在智能投顾平台的设计、建模、编程、运行和营销方面都起着作用。① 有学者认为在大多数情况下，智能投顾和传统的人类顾问使用相同的技术工具来提供服务，主要的区别在于智能投顾可以无需借助销售人员的力量直接向投资者提供工具。② 因此，在直接面向投资者的交互环节，根据是否有人工顾问参与同投资者的沟通，对智能投顾进行分类最大的意义是可以凸显智能投顾和人类顾问的区别。

目前，智能投顾流行三种主要的商业模式。③ 第一，纯自动化模式。采用纯自动化模式的智能投顾平台，是一个纯粹的技术网站，在业务流程中完全没有人工顾问的干预，平台允许投资者自己做任何事情。第二，人工顾问辅助、自动化咨询模式。根据复杂性和客户需求提供数字化的财务顾问支持。第三，财务顾问支持/指导建议模式。在智能投顾技术的帮助下，财务建议由财务顾问生成，也称为"混合咨询模式"。笔者认同上述分类。这种分类体现了在智能投顾平台同投资者之间的沟通交流关系中机器同人工顾问的不同配置。为了更容易理解，笔者在此种分类的基础上进一步划分，将纯自动化模式称为完全自动化智能投顾模式，将人工顾问辅助、自动化咨询模式称为人工顾问辅助自动化智能投顾模式，将财务顾问支持/指导建议模式称为智能机器辅助人工顾问模式。在完全自动化智能投顾模式中，没有人工顾问直接参与同投资者的沟通，智能投顾平台面向投资者基于对投资者的分析提供投资咨询或资产管理服务；在人工顾问辅助自动化智能投顾模式中，以智能投顾平台为主面向投资者提供投资咨询建议，人工顾问辅助提供与投

---

① Tom Baker, Benedict Dellaert, "Regulating Robo Advice across the Financial Services Industry," *Iowa Law Review*, Vol. 103, Issue 2 (January 2018), pp. 713 – 750. HeinOnline.
② Andrea L. Seidt, et al., "Paying Attention to that Man behind the Curtain: State Securities Regulators' Early Conversations with Robo-advisers," *University of Toledo Law Review*, Vol. 50, Issue 3 (Spring 2019), pp. 501 – 524.
③ 参见 Generally Deloitte & Avaloq, *Emerging Models of Digital Wealth Advisory*, httpsl/www2.deloitte.com/content/dam/Deloitte/lu/Documents/financial-services/lu-emerging-models-digital-wealth-advisory-04102017.pdf [https://perma.cc/H2UC-RB9R]。

智能投资顾问中的信义义务

资者交流、建议校验及账户管理等服务；在智能机器辅助人工投资顾问模式中，由人工投资顾问利用智能机器创建投资计划、方案及建议，面向投资者提供投资咨询或资产管理服务。

在不同的模式中，智能机器同人工投资顾问所起的作用区别很大，在完全自动化智能投顾模式下，智能机器独立发挥作用，为确保建议的适当性，智能投顾运营者需要建立相应的保障机制，包括客户范围限制、投资范围限制、投资风险规避、网络安全保障等机制。比如，尽管澳大利亚、英国大力发展完全自动化模式的智能投顾，但它们都对智能投顾提供投资建议的范围进行了限制。虽然笔者没有看到美国政府对智能投顾提供建议的投资范围进行限制，但是美国两大智能投顾平台 Betterment 和 Wealthfront 均以 ETF（交易型开放式指数证券投资基金，又称交易所交易基金）为其投资组合建议的主要标的。限制投资的范围可以在一定程度上控制风险，就风险管理而言，以 ETF 为主要投资标的大行其道就不难理解了。在完全自动化智能投顾模式下，人工顾问不需要与投资者面对面地进行沟通交流。然而不排除工作人员需要提供技术和客户支持，也可围绕具体投资建议与投资者进行互动。当然这更多是基于在线的方式，比如通过 QQ、微信、E-mail、Facebook 等进行交流。

投资者对完全自动化智能投顾模式最大的担忧，就是将自己的资金完全交给智能机器来打理。投资者由于投入资金量的增大、算法的复杂性、系统的稳定性、盈利回撤、资本市场系统性风险等因素而变得越来越不安。这也说明为什么加拿大仅允许发展智能机器辅助人工顾问模式。这种模式应该是人工投资顾问同智能机器合作的典范。国际证监会组织（IOSCO）在 2014 年的一份报告中指出，公司利用数字工具收集信息，然后由人工顾问提出投资建议的现象已经普遍存在。[1] 智能机器可以消除人工顾问决策的偏见，而人工顾问使用智能机器提供投资咨询服务，可以克服效率低下、降低服务成

---

[1] *Report on the IOSCO Social Media and Automation of Advice Tools Surveys*, http://www.iosco.org/library/pubdocs/pdf/IOSCOPD445.pdf.

本，可以使收集、分析、处理市场数据更加全面，可以同投资者面对面交流，更加准确地了解投资者情况以提供个性化的投资建议。当然更重要的是保留适当的人工干预，可以及时调整由于智能投顾系统崩溃、算法同质化等可能带来的系统性风险。

对于人工顾问辅助自动化智能投顾模式，笔者发现目前其在市场上广泛存在。美国的大多数证券经纪商都持有投资顾问的牌照，除了提供经纪服务，还提供投资咨询服务。我国的证券公司只提供证券经纪服务，大多数不持有投资顾问的牌照，但是其大多数工作人员会附带向投资者提供免费的投资咨询服务。互联网出现以来，证券在线交易、自动交易得到了飞速发展。现在世界各地主流证券交易所都实现了无人化的在线自动交易，因此我们在华尔街证券交易所再也看不到穿黄马甲的交易员了。为适应证券交易在线自动化的发展，证券经纪商的交易软件也越来越智能化，大多数交易软件除了能够提供交易经纪服务之外，还能够提供投资咨询服务。比如国信证券公司的金太阳交易软件就能提供智能选股、智能盯盘、筹码分布、估值分析、智能K线、智能理财和基金扫描等功能，投资者在使用这些功能时，可以随时同自己的客户经理进行沟通和交流。东方财富作为金融科技公司，通过收购的方式持有证券公司牌照，其向投资者提供的东方财富客户终端及Choice金融终端具有强大的智能功能，能够基于资本市场大数据分析向投资者提供智能投资建议，当然其人工顾问服务团队也随时接受投资者的咨询。人工顾问辅助自动化智能投顾模式的显著特征在于以智能投顾平台为主，以人工顾问为辅，一方面，可以享受智能投顾带来的智能投资体验，减少人工干预，使决策远离人工偏见；另一方面，在需要时，可以利用人工顾问进行建议的验证，获得个性化的服务体验，降低建议同质化水平。

（二）根据是否由智能投顾平台执行投资决策进行分类

基于是否由智能投顾平台执行投资决策，可以将智能投顾分为完全委托账户模式、半委托账户模式、无委托账户模式（单纯建议模式）。

在我国，资本市场上的个人投资者通常被称为散户（美国业界通常称为零售投资者），他们数量众多，人均投资额较少，其中牛散是少数。个人投

智能投资顾问中的信义义务

资者普遍缺乏投资的长期规划，缺乏定力，追涨杀跌，投资情绪化，羊群效应强。[①] 在笔者看来，在资本市场亏损的投资者通常是因为其对投资账户管理不善。智能机器可以替代投资者管理其账户，其他优点不论，至少可以克服投资者的情绪化操作。因为面临不同的监管政策，所以智能投顾管理投资者账户并没有在世界各国受到同等的对待。

美国的 Betterment、Wealthfront 等智能投顾平台之所以能够在短时间发展成投资市场上的投顾大鳄，很大原因在于美国允许智能投顾实施完全委托账户模式。根据美国《1940 年投资顾问法》，只要取得投资顾问牌照，投资顾问不但可以为投资者提供投资咨询建议，而且可以直接代理投资者进行资产管理，即管理投资者账户。美国 SEC 将智能投顾纳入监管范围，运营智能投顾平台必须持有投资顾问牌照。完全委托账户模式是一种最高层次的智能投顾模式，智能投顾平台不仅根据投资者画像提供投资咨询建议，还代理投资者管理交易账户，执行投资咨询建议或者机器投资决策，为匹配投资者的投资目标及投资者需求，跟踪交易账户状况，重新调整投资组合并执行投资以实现对交易账户再平衡。在美国，智能投顾也会为了税收收割而进行再平衡。投资者完全委托智能投顾代理管理投资账户，智能投顾排除投资者的干预，将算法自动决策、账户管理自动执行贯穿投资全过程，自动生成组合投资计划、执行组合投资计划、动态调整账户投资组合、清仓结算等。投资者能做的就是将自己的账户交给智能投顾打理，并准确提供自己包括财务信息在内的详细资料和投资目标，以使智能机器能够准确画像。对于投资者来说，智能投顾平台相当于他的基金经理。

我国招商银行提供的智能理财服务摩羯智投专注于公募基金的智能投资，其智能顾问机器人基于自然语言处理、知识图谱等人工智能金融科技，运用机器学习算法，实现全球资产配置，提供摩羯组合、自助选基、聪明定投、基金诊断等功能。摩羯智投针对招商银行个人客户推出，通过关联一网通账户，个人投资者就可以开通摩羯智投账户。投资流程如下：智能投顾对

[①] 姜海燕、吴长凤：《智能投顾的发展现状及监管建议》，《证券市场导报》，2016 年第 12 期。

第一章 智能投顾模式下信义义务的正当性

客户进行画像，根据客户的投资目标，基于海量基金历史数据进行筛选并构建投资组合，客户一键购买，智能投顾在线监控账户、预警、提供优化调整提醒，客户一键优化。笔者从投资流程中注意到，客户将账户委托给智能投顾进行在线监管、预警和优化提醒，而完成购买、投资组合调整即再平衡，尽管可以一键完成，但都是由客户自己实施以符合相关法律法规的要求。从理论上来说，这种模式可以称为半委托账户模式，投资者将账户委托给智能投顾平台，智能投顾根据投资者的情况提供建议，投资者随后作出投资决策并执行交易；智能投顾平台监测客户购买的资产表现，并向客户及时提供变动信息或发出警告；最关键的是投资决策的作出和执行权保留在投资者自己手里。我国大多数商业银行提供的智能理财服务通常采用这种模式。

我国《证券法》规定，证券投资咨询机构及其从业人员不能代理委托人从事证券投资，[1] 因此，证券投资咨询机构提供智能投顾业务只能采取无委托账户模式，即单纯建议模式。在这种模式下，智能投顾平台根据投资者的财务状况、风险偏好、投资目标等提供投资建议，也可以对投资者提供的投资组合进行智能诊断，至于投资者的账户表现及投资者是否采纳投资建议作出决策并执行，智能投顾平台并不关心。为了促进智能投顾产业的发展，让科技惠及广大投资者，众多学者呼吁我国取消证券投资咨询的全委托账户限制，[2] 但遗憾的是新修改的《证券法》并没有采纳这一建议。

二 智能投顾的功能

智能投顾之所以智能的原因是各类智能投顾平台都是基于智能算法自动创设投资建议，但是处在不同的监管政策环境下，世界各国智能投顾面向投资者提供的服务功能差异很大。如前所述，智能投顾在各种商业模式下运作，并提供一系列咨询服务。一个全流程的智能投顾平台通常具有收集投资

---

[1] 参见《中华人民共和国证券法》第161条。
[2] 邢会强：《人工智能投资顾问在我国的法律界定——从"智能投顾"到"智能财顾"再到"智能投顾"》，《人工智能法学研究》，2018年第1期；沈朝晖：《证券投资咨询行业升级、两阶牌照与法制改革》，《证券市场导报》，2017年第12期。

智能投资顾问中的信义义务

者信息和风险偏好、对投资者进行画像、对投资市场进行大数据分析、根据投资者的投资目标创建资产组合、进行投资决策并执行交易、监测投资者账户资产及资本市场、风险预警、优化投资组合、再平衡、税收收割等功能。智能投顾狭义的功能应当体现个性设计、风险分散、理性决策和平衡调整的优势。[①] 为此，智能投顾应当具备客户分析、资产配置和投资组合选择、投资组合监视、投资组合再平衡功能。

（一）客户分析

在人工顾问向投资者提供投资咨询服务的过程中，人工顾问通过与投资者进行充分的沟通和交流，收集投资者的财务状况、风险偏好、投资目标等信息，充分了解投资者，对投资者进行分析定位。在这一过程中，人工顾问随时保持与投资者的互动来进行验证，这是对投资者进行个性化建议的前提。就像律师了解他的委托人、医生了解他的病人一样，作为受托人，只有充分了解委托人的需求，才能尽职地完成委托事项。这需要受托人进行尽职调查。智能投顾将客户分析移至线上，投资者在接受服务之前，通常要完成一项投资者适当性调查问卷的在线填写。填写内容包括投资者的性别、年龄、文化程度、投资经历等基本信息，投资者的收入、支出、资产等财务信息，投资者的风险容忍度，投资者投资目标和资金需求，等等。从理论上来说，智能投顾收集的信息越全面，就越能够精准地对投资者进行画像并准确定位。对投资者进行精准画像和定位，乃是投资者适当性管理的重要内容，故各类智能投顾平台都具有一定的客户分析功能。

在人工智能、大数据时代，智能系统非常容易从"芸芸众生"中识别某个特定的人及其某些特征，比如利用面部识别抓捕犯罪嫌疑人，利用购物记录分析一个人的消费习惯，利用一个人的移动轨迹判断其活动范围。这样的例子不胜枚举。而智能投顾要通过智能系统分析投资者，就算最先进的智能投顾平台（如 Betterment、Wealthfront）在精准识别投资者状况及投资需要方面也只迈出了一小步。美国马萨诸塞州证券管理部门明确表示，机器人顾问

---

① 赵吟：《智能投顾的功能定位与监管进路》，《法学杂志》，2020年第1期。

第一章 智能投顾模式下信义义务的正当性

"可能天生无法履行州注册投资顾问的受托义务"。他们对机器人顾问的担忧集中在推荐计划和投资之前,以及缺乏尽职调查和收集客户信息。[①] 尽管我们同意"智能投顾平台应当利用人工智能、大数据挖掘等自身的技术特性,从技术上实现投资者的精准画像,为进一步提供投资咨询建议提供信息支撑"[②]。然而,因为智能投顾平台很难关注投资者智能投顾账户之外的资产情况,以及平台很难及时跟踪投资者的风险偏好等心理状态变化、投资者资金需求变化等影响投资决策的关键因素,所以智能投顾平台所进行的投资者分析要做到准确还有很长的路要走。

(二)资产配置和投资组合选择

众多智能投顾平台都自称利用智能算法,根据马可维茨(Markowitz)的资产组合理论进行资产配置,选择证券品种并确定其所占权重构建一个资产组合,可以有效降低非系统性投资风险。在笔者看来,资产组合理论当之无愧为投资的基础理论,其集中体现了老祖宗传下来的投资金律:不要把鸡蛋放在一个篮子里。当然,除了资产组合理论之外,价值投资理论、逆势投资理论、趋势投资理论、量化投资理论、高频交易理论等都可以作为智能投顾平台开发者创建算法的投资理论基础。在智能投顾平台的规划、架构、设计、编程等各个阶段,开发者将选择的投资理论、业务逻辑、业务程序同算法理论融合,创建新的智能算法,比如机器深度学习算法在智能投顾中的广泛应用。在瞬息万变的资本市场,不存在一成不变的永恒的盈利模式,投资的竞争除了资金、资产优势的竞争之外,最重要的就是投资战略、策略和方式方法的竞争。算法创新对智能投顾而言,不但可以防范系统性风险,而且可以在市场上的算法竞争中胜出。智能投顾的竞争即算法竞争。

智能投顾的资产配置是服务投资者的基本功能,理论上来讲,在对投资者进行精准画像的基础上,智能投顾能够为投资者提供千人千面的个性化资

---

① Dominic Litz, "Risk, Reward, Robo-advisers: Are Automated Investment Platforms Acting in Your Best Interest," *Journal of High Technology Law*, Vol. 18, Issue 2 (2018), pp. 369 – 375.
② 杨东、武雨佳:《智能投顾中投资者适当性制度研究》,《国家检察官学院学报》,2019 年第 2 期。

产组合建议。资产组合的基础资产范围由智能投顾合同约定。有些智能投顾平台标榜为全球大类资产配置，基础资产除股票、债券外，还包括房地产 ETF、自然资源 ETF 等；大多数智能投顾平台为了追求低风险、长期稳定回报，推行被动投资，其投资标的以 ETF 为主。智能投顾平台利用大数据分析和智能算法，对投资标的的历史表现、市场环境等进行分析，通过模拟模型对投资标的的未来走势进行预测，结合投资者的精准画像及投资目标，创建资产组合。随着机器深度学习算法的应用，智能投顾平台通过训练和学习不断迭代，变得越来越聪明，创建的资产组合将越来越贴近投资者的情况和需求。

（三）投资组合监视

智能投顾与人工顾问相比的突出优势在于，其可以 7×24 小时永远在线工作，对投资者账户的投资组合进行实时监控和智能诊断，当组合中的资产出现风险时，及时预警并提醒投资者或者自动再平衡。为实现投资组合监视功能，智能投顾平台需要建立监控监测功能模块，对资产的交易数据、披露信息进行全方位的跟踪和分析，同历史数据、投资者的画像及投资目标进行比对，一旦发现重大偏差特别是同投资者的投资目标不再匹配，监控监测功能模块将发出预警信息。

投资组合监视是投资组合实现长期稳定回报的重要功能。在传统人工顾问模式下，这种烦琐且繁重的工作要由人来做，或者是人工顾问，或者是投资者自己。由于人的精力有限，一个人不可能随时跟踪监控大量的投资资产，当然也不可能收集、分析一项资产的所有交易数据和披露信息，所以人工监视效率低下且难以做到周全。智能投顾平台恰好可以弥补人工监视的不足，强大的算力加上智能的算法，在投资组合监视上智能投顾大显身手，其优势不言而喻。

（四）投资组合再平衡

投资者为了取得更好的回报，总是会在一段时间内对自己的投资组合进行调整和优化，在委托人工投资顾问管理投资组合时，调整和优化工作由人工投资顾问完成。这种对投资组合的调整和优化在智能投顾模式中被称为投资组合的再平衡。前面讲到智能投顾通过算法进行资产配置和投资组合选择，是基于同投资者的画像和投资目标相匹配实现的，[①] 如果智能投顾在投资组合监视中发现投资组合资产同投资者画像及投资目标不相匹配，系统将发出预警和提醒。智能投顾平台资产配置建议模块在收到预警和提醒之后，会立即进行投资组合调整和优化，包括资产替换和权重调整，修改投资组合建议。在全委托账户模式下，智能投顾会自动执行新的投资组合决策；非全委托账户模式下，智能投顾会向投资者提供新的投资组合建议，由投资者自己执行交易。智能系统进行投资组合再平衡，衡量标准依然是新的投资组合是否同投资者画像和投资目标相匹配。再平衡后投资组合符合匹配标准。

在美国，由于税收政策，投资者可能因为税收收割而对投资组合进行再平衡。人工投资顾问以及投资者自己进行再平衡操作，显然没有智能投顾平台执行的操作精确和有效率。这也是美国许多智能投顾平台进行市场推广时津津乐道的重要功能。

三 智能投顾基本特征

（一）无人化

智能投顾向投资者提供基于投资者画像的在线投资建议，对投资者画像的获取目前主要采取由投资者在线填写智能投顾问卷的模式。问卷的设计目的是获取投资者相关信息，重点是投资者的投资目标和财务信息，为投资者建立基本的风险参数和投资偏好。智能投顾为投资者制定一个投资组合配置，并给出具体的投资建议。具有类似投资目标的投资者通常会得到相同的投资建议，并可能在其账户中持有相同或实质上相同的投资品种。智能投顾的一个关键特征是通过网络特别是移动网络在线为投资者提供投资建议，顾问和投资者之间没有任何人际接触。智能投顾旨在避免与投资者建立面对面的个人咨询关系。一个纯粹的机器人顾问是一个完全在线的金融产品，它提

---

① 徐慧中：《我国智能投顾的监管难点及对策》，《金融发展研究》，2016年第7期。

供自动的、基于算法的财富管理服务,无需人工协助。① 当然非完全委托账户模式智能投顾不排除有人工顾问的参与。

(二)智能化

智能投顾是新一代人工智能技术在投资咨询、财富管理领域的深度应用,通过模仿人类在投资咨询、财富管理时的思维模式、思维过程,替代人工投资顾问的分析、决策和交易执行工作,或者弥补人工投资顾问投资能力的不足。如果按图灵测试的观点,我们在资本市场上面对一笔交易,但是我们并不知道同自己交易的是机器人,那么该机器人就具有智能性。分析客户、创建投资组合、自主决策、交易执行、监测投资组合、投资组合优化和再平衡这些投资流程的关键环节构成了智能投顾的一个个功能模块,所有的模块构成智能投顾平台。通常一个合格的人类投资顾问,要经过多年的正规投资专业学习,通过从业人员资格考试,经过实习,才能具备上岗条件。算法是指导过程的公式或规则的正式表述。智能投顾通过智能算法为投资者创建投资组合,这必然需要对投资范围内的金融产品进行排序,算法将金融产品同投资者画像和投资目标进行匹配。排序和匹配算法最为关键,因为其不但关系到投资组合能否同投资者匹配,而且可能存在利益冲突。每个算法都包含在代码中,这些代码基于一个模型,该模型用于优化消费者可用的金融产品属性与使用智能投顾的消费者属性之间的匹配。传统上,创建匹配和排序算法的分析人员和开发人员有一个明确的、可表达的模型,该模型基于具有特定属性的人需要哪些产品属性的想法。②

(三)去主观性

智能投顾具有较强客观性,可以避免追涨杀跌等不理智现象。③ 比如,

---

① Bret E. Strzelczyk, "Rise of the Machines: The Legal Implications for Investor Protection with the Rise of Robo-advisors," *DePaul Business & Commercial Law Journal*, Vol. 16, Issue 1 (2017), pp. 54 – 86. HeinOnline.
② Tom Baker, Dellaert Benedict, "Regulating Robo Advice across the Financial Services Industry," *Iowa Law Review*, Vol. 103, Issue 2 (January 2018), pp. 713 – 750. HeinOnline.
③ 杨丽:《中国智能投顾的发展现状及监管对策》,《北方经贸》,2017 年第 7 期。

美国领先的智能投顾平台能够提供可自由支配投资者账户资金和投资资产的投资服务,为投资者制订投资计划并进行证券交易。投资者必须将资金转移给智能投顾平台或其附属机构,按照推荐的投资计划进行投资。智能投顾可以根据信息输入对账户自动重新分配投资组合或再平衡。证券交易通常是通过智能投顾的附属券商进行。从实际效果看,智能投顾可以模拟人工顾问理财模式,可以为投资者提供有针对性的投资建议及个性化的投资组合,可以有效降低投资成本,避免人为因素的不当影响,改变投资者投机行为。单纯建议类的智能投顾只提供投资组合建议和再平衡建议,投资者必须在券商等其他平台自行委托交易以执行这些建议。

(四)低风险、投资门槛低

传统投资顾问依托专业投资知识,在准确了解投资者的基础上,为投资者提供具有针对性的投资建议,可以做到千人千面。但传统投资顾问成本较高,通常服务高净值投资者,投资门槛高且由于掺杂人的主观意念,难以客观、理性地为投资者提供投资咨询服务。智能投顾采用人工智能技术,通过模拟人工投资顾问思维模式向投资者提供投资建议或者资产组合方案。从投资品种来看,欧美发达资本市场的智能投顾在其投资项目中推荐或使用的投资品种通常包括共同基金和ETF。共同基金和ETF不仅限于被动管理的基金,还可能包括主动管理的基金,以及由运营机构发行和管理的ETF和共同基金。智能投顾追求长期被动性投资,有利于培养投资者良好的投资习惯。一些智能投顾还建议投资个股,并提供税收收割服务。我国工商银行、招商银行等大型商业银行智能投顾推荐的主要是基金产品,其基于海量数据,对投资者投资画像进行精准描绘,使用专业量化模型,智能选取基金产品,构建基金产品组合,为投资者获取相应投资收益。

智能投资可以说是全民都能够参与的投资活动,具有进入门槛低的显著特点。在美国,开一个智能投顾账户所需的最低余额通常是1000~10000美元。我国工商银行AI投包括AI智投、AI策略和AI指数,投资起点金额均为10000元人民币。一些智能投顾平台允许开设没有最低余额要求的账户,智能投顾平台收取的服务费用从 0～50 个基点不等，也有稍高一点的。但这远远低于人工投资顾问收取的服务费用。我国工商银行 AI 投本身不收取服务费用。当然，并不是说这些智能投顾平台就是慈善机构，它们可以通过为使用智能投顾的投资者提供投资服务的附属机构和非附属机构获得额外的报酬，投资者为此支付一定费用；另一重要收入渠道是通过基金的管理佣金收入分成获得报酬，否则智能投顾运营者将没有动力推荐非自己发行的基金。在美国，投资者还可以直接向共同基金和 ETF 付费，并通过智能投顾平台进行投资。智能投顾服务成本和门槛较低、效率高，[①] 能够满足个人投资者的个性化需求。也就是说，智能投顾使用成本较低，低净值投资者也有机会接受投资建议服务。

四 智能投顾的定义

作为资本市场上金融科技的典型应用场景，智能投顾以便捷的无人化在线服务、低风险投资品种、低投资门槛和低服务费用为显著特征。智能投顾平台众多，尽管整个行业都获得快速发展，但并没有形成一项标准或者一种统一的模式，所以不难理解，为何业界难以对智能投顾的定义达成共识。智能投顾蓬勃发展，管理的投资金额飞速上涨，不但引起监管部门等实务界的大量关注，而且引发了关于智能投顾的理论研究热潮。对于什么是智能投顾，应当怎么给智能投顾下定义，经济学和法学实务界及理论界均作出了不懈努力。对于智能投顾，经济学以及法学研究者均称之为智能理财。学者对其表述不一，有些学者认为智能投顾业务包含投资咨询服务业务以及资产组合业务；但有些学者认为，智能投顾仅是为投资者提供投资建议并不提供资产组合服务。实务界徐慧中提出，智能投顾不只为投资者提供投资建议，还可接受投资者全权委托为投资者提供资产组合方案，智能投顾是一种新型的理财模式。智能投顾运行逻辑是基于大数据及智能算法，通过在线评估投资

---

① 姜海燕、吴长凤：《智能投顾的发展现状及监管建议》，《证券市场导报》，2016 年第 12 期。

者风险偏好为其提供资产组合,实现投资者投资利益最大化。① 法学学者吴烨、叶林对智能投顾有不同的看法,认为智能投顾仅包括为投资者提供投资建议,并不包括为投资者提供资产组合服务。他们解释称,从字面意义理解,智能投顾是通过人工智能技术为投资者提供投资顾问业务的。在我国法律体系中,投资顾问作为"证券投资咨询业务"的下位概念,只是为投资者提供投资建议,并不提供资产组合方案。② 郑佳宁认为,智能投顾即智能投资顾问,是指一项自动化、数字化的投资建议算法或程序,它能够基于投资者的财务目标、收入、其他资产和风险容忍度等信息,为投资者提供投资建议,或为投资者创建并运营投资组合。③ 北京金融衍生品研究院研究员姜海燕、高级研究员吴长凤从实践角度将智能投顾划分为三个层次。同时,认为第一个层次智能投顾智能化水平较低,并不会依据投资者的不同而作出有针对性的投资建议,只会依据背后大数据库,通过智能算法给出一般性建议,不能做到千人千面。第二个层次的智能投顾便可依据投资者的风险承受能力、投资偏好、财务状况等信息为投资者提供较为个性化的投资建议,但这一层次的智能投顾依然不接受投资者的全权委托。第三个层次的智能投顾更为智能,其不仅可以根据每位投资者不同的风险偏好提供个性化的投资建议,而且可以接受投资者全权委托实现投资者一站式理财。④

美国 SEC 认为,"智能投顾"通常指的是一种自动化的数字投资顾问程序。一般情况下,智能投顾提供一份在线问卷要求投资者填写财务目标、投资范围、收入和其他资产以及风险承受能力等信息。基于这些信息,智能算法为投资者创建和管理一个投资组合。⑤ 虽然很多智能投顾最初是面向"千禧一代"的,但是在其他年龄段的投资者中,智能投顾受欢迎程度也在不

---

① 徐慧中:《我国智能投顾的监管难点及对策》,《金融发展研究》,2016 年第 7 期。
② 吴烨、叶林:《"智能投顾"的本质及规制路径》,《法学杂志》,2018 年第 5 期。
③ 郑佳宁:《论智能投顾运营者的民事责任——以信义义务为中心的展开》,《法学杂志》,2018 年第 10 期。
④ 姜海燕、吴长凤:《智能投顾的发展现状及监管建议》,《证券市场导报》,2016 年第 12 期。
⑤ *Investor Bulletin*:*Robo-Advisers*, https://www.investor.gov/introduction-investing/general-resources/news-alerts/alerts-bulletins/investor-bulletins-45,最后访问日期:2020 年 2 月 23 日。

智能投资顾问中的信义义务

断上升。依据美国《1940年投资顾问法》，智能投顾运营公司必须注册为投资顾问，才可以利用人工智能技术，通过算法创建投资组合，在线为投资者提供可自由支配的投资咨询和资产管理服务。美国《1940年投资顾问法》规定，投资顾问是指，为获取报酬直接或通过出版物向他人提供关于证券价值、投资、买入或卖出证券建议的人，或以发布有关证券的分析报告为业并获取报酬的人。美国大多数州的证券监管机构出台的《示范法》遵循了 SEC 对"投资顾问"的定义，但也规定"这一术语包括作为其他财务相关服务的一个组成部分，向他人提供作为企业一部分的补偿性投资建议或自称向他人提供补偿性投资建议的财务策划或其他人"①。智能投顾和数字化建议的商业模式完全符合"投资顾问"的定义。不过更为复杂的问题是，与智能投顾共事的个人，是否属于投资顾问。美国法律关于投资顾问的定义，核心要点依然在于提供投资咨询服务和获取报酬以及提供服务的工具和渠道。

美国金融业监管局（FINRA）最初将智能投顾视为证券经纪商开展经纪业务、为投资者提供服务使用的技术工具。实际上，金融专业人士多年来一直使用作为数字咨询技术工具的智能投顾，用来管理投资者档案、收集信息、准备建议和销售材料、开发资产配置、向投资者推荐特定的证券等。此外，智能投顾也可以帮助制定建议、定期调整投资者的投资组合以及支持税收收割等。金融专业人士使用的智能投顾平台可能由他们的公司开发，也可能由他们的公司向第三方供应商购买或者共同开发，甚至金融专业人士会自行开发简单的智能工具。②

根据我国《证券、期货投资咨询管理暂行办法》，证券、期货投资咨询顾问是指为证券、期货投资人或者投资者提供证券、期货投资分析和预测或

---

① Andrea L. Seidt, et al., "Paying Attention to that Man Behind the Curtain: State Securities Regulators' Early Conversations With Robo-advisers", *University of Toledo Law Review*, Vol. 50, Issue 2（Spring 2019）, p. 516.
② 梅杨、刘沛佩：《美国证券交易委员会关于智能投顾的指引更新和投资者公告》，《证券法苑》，2018年第1期。

者建议等直接或者间接有偿咨询服务的机构和个人。[①] 这个定义只包括投资分析、预测或者建议等服务，不包括接受投资人委托直接从事投资品种的买卖。而且，该暂行办法还将接受投资者委托直接买卖投资品种列为咨询顾问的禁止行为。该定义核心要素在于投资顾问为了获得报酬，向投资者提供投资建议。

由上可见，智能投顾的定义应当包含现行法律中关于投资顾问定义的核心要点。当然，仅仅体现既有要素是不够的，还应当体现智能投顾本身的特点。为此，本书认为，智能投顾是指智能投顾运营机构通过在线智能平台，利用人工智能算法，基于投资者的精准画像并匹配投资者投资目标，为投资者提供证券、期货投资分析、预测和建议等直接或者间接有偿咨询服务，以及基于资产组合理论的资产大类配置进行的投资理财服务。

第二节　智能投顾模式下信义义务的法学分析

一般认为，信义义务起源于信托法律关系。信义人通常被称为受托人，早期信托法强调信义义务是对人的义务，随着信托法律制度的发展，为了更好地平衡信托关系中的利益，人们逐渐认识到信义义务不仅基于受托人的身份和法律地位，而且必须基于信托事实和信托财产，信义义务发展成对物的义务。[②] 在对物的义务的经典解释中，公司董事被认为是一个明显的延伸，因为他们有权处理公司财产。凭借对人的义务和对物的义务的理论解释，信

[①] 参见我国1997年《证券、期货投资咨询管理暂行办法》，本办法所称证券、期货投资咨询，是指从事证券、期货投资咨询业务的机构及其投资咨询人员以下列形式为证券、期货投资人或者客户提供证券、期货投资分析、预测或者建议等直接或者间接有偿咨询服务的活动：
（一）接受投资人或者客户委托，提供证券、期货投资咨询服务；
（二）举办有关证券、期货投资咨询的讲座、报告会、分析会等；
（三）在报刊上发表证券、期货投资咨询的文章、评论、报告，以及通过电台、电视台等公众传播媒体提供证券、期货投资咨询服务；
（四）通过电话、传真、电脑网络等电信设备系统，提供证券、期货投资咨询服务；
（五）中国证券监督管理委员会（以下简称中国证监会）认定的其他形式。

[②] 〔英〕西蒙·加德纳：《信托法导论》，付然译，北京：法律出版社，2018，第242页。

智能投资顾问中的信义义务

义义务在现代法律制度中得到了广泛的应用，尽管当事人之间没有任何所有权联系，但已确认当事人之间的受托责任：律师对当事人、医生对病人、合伙人对合伙人、受托人对委托人、股票经纪人对委托人、合资人对合资人、父母对子女、国家对居民和许多其他方面。尽管如此，学者们对信义义务的理论基础并没有达成一致意见，特别是要不要在新型法律关系当中引入信义义务，应当从多方面进行回答和解释。作为新一代人工智能技术同传统投资咨询、资产管理活动相结合而产生的新型法律关系，智能投顾能否引入信义义务以支撑其健康发展，应当在法学基础理论中寻找信义义务应用于智能投顾的正当性。为此，本节首先阐释信义义务的本质，解释在不同的法律场景下为什么存在信义义务；其次通过信义义务与信托等的法律结构的比较，研究智能投顾模式的法律结构；最后分析智能投顾信义义务的特殊结构。

一　信义义务产生的法学理论基础

（一）对物的义务

信托法认为信义义务有必要具有财产性，这是信托长期实践发展的结果。我们理解建立一个信托关系，一般需要委托人、受托人、受益人三方当事人，委托人将财产交付给受托人，受托人承担为了受益人的最佳利益管理这些财产的义务。受托人为什么要承担信义义务？受托人从委托人处取得信托财产的所有权，拥有对信托财产占有、使用、收益的处置权利，委托人失去对这些财产的所有权，而且受益人也无法对这些财产进行控制，因此法律规定受托人承担信义义务，以保障受益人的权益。如果委托人担任受托人，则委托人将作为受托人持有这些财产并承担为受益人的利益管理财产的义务，委托人也可以以自己为受益人建立信托，也可以以受托人为受益人建立信托，也可以在没有受益人的情况下建立信托。这些不同的情况，组成了信托法上的不同信托类型，如明示信托、宣言信托、归复信托、目的信托等。尽管当事人在不同信托类型中所处的法律地位有所不同，享有权利、承担义务情况也有很大的不同，但是一个关键的共同之处在于以特定的方式持有和管理财产。那么我们就不难理解，受托人的信义义务一定同特定的财产有关了。

对物的义务表明受托人承担的信义义务与信托财产有关，它的价值主要体现在两个方面。一方面，具有资产隔离作用。在受托人破产或者无力偿还债务的时候，债权人不能要求用信托财产偿还受托人的一般债务。另一方面，当受托人将信托财产转让给他人，则依附在信托财产上的信义义务一并转让给他人。[1] 受让人将按信托协议管理信托财产并对受益人承担信义义务。这两方面的价值可以杜绝受托人拿信托财产去偿还自己的债务，也可以防止信托财产转让之后无人承担信义义务。

（二）自愿的承诺

牛津大学教授 James J. Edelman 认为信义义务产生于义务人的自愿承诺。除了合同义务基于当事人的自愿承诺之外，还有其他普遍的自愿承诺来源，它们都能够产生有约束力的义务，包括单方承诺行为和不经考虑而作出的单方面承诺所产生的义务。这些自愿的承诺行为，不论是明示的还是默示的，都能产生义务。[2] 这个义务就是为他人利益行事。正如斯科特（A. Scott）教授在 1949 年所说，受托人是一个承诺为他人利益行事的人，不论该承诺是否采用合同形式，也不论这项工作是否有偿。[3]

信义义务产生的自愿承诺理论，让我们进一步认识到信义义务的本质。在笔者看来，自愿承诺是一个人以自己的行为承担责任的自由意思表达，按照禁止反言原则，承诺人应当对自己的言行负责。当然，正如斯科特教授所说，我们关注的是承诺的产生和承诺的内容，至于承诺是通过承诺人口头、书面等明示方式，还是通过承诺人的具体行为等默示方式作出，则无关紧要。我们来看一个例子。在信托关系中，受托人接受委托人的委托，承诺为受益人最佳利益行事，基于此承诺产生了受托人承担信义义务的法律后果；

---

[1] 〔英〕西蒙·加德纳：《信托法导论》，付然译，北京：法律出版社，2018，第 243 页。

[2] James J. Edelman, "When Do Fiduciary Duties Arise?" *Law Quarterly Review*, Vol. 126, (October 2010), pp. 302-327; Oxford Legal Studies Research Paper No. 65/2010, Available at SSRN: https://ssrn.com/abstract=1697656.

[3] A. Scott, The Fiduciary Principle (1949) 37 Calif. Law Rev. 539 at 544.

在父母与子女的抚养关系中，父母生下子女，意味着通过自己的行为承诺将为子女的最佳利益行事，即承担抚养子女长大的信义义务；在投资咨询法律关系中，投资顾问通过咨询合同承诺将为了客户的最佳利益行事，即产生了信义义务。在第一个和第三个例子中，受托人是通过明示的方式（合同）进行了自愿承诺，由此产生了信义义务；而在第二个例子中，父母不可能同刚生下来的小孩子签订合同，而是通过默示的方式（生下小孩）表达了自愿承诺，同样产生了信义义务。因此，可以说信义义务的产生基于自愿的承诺，反过来也可以说，自愿承诺是产生信义义务的必要条件。

（三）控制权

在民商事法律关系当中，控制权总是表现得如此普遍，这也正好说明了为什么信义义务会从信托关系中扩张到众多法律制度之中。在信托法律关系当中，控制权体现为受托人对信托财产的控制；在现代公司法律关系当中，控制权体现为董事经理对公司财产和经营管理的控制；在委托代理关系当中，控制权体现为代理人对委托人委托事务的控制。当然还有更多法律关系中某一方当事人拥有对法律关系客体的控制权，而权利人在这种控制与被控制的法律关系中，始终处于弱势地位。

以公司法为例，伯利和米恩斯早在20世纪30年代就提出公司所有权和经营权分离的经典命题，所有权和经营权分离表现为公司股东拥有公司所有权，公司董事经理拥有对公司的经营管理权，由于公司股东高度分散，无法集中对公司进行经营管理，公司实际上控制在董事经理的手里，股东则失去对公司的控制权并处于劣势地位。[1] 掌握着公司的实际控制权，董事经理很容易为自己谋取私利、滥用控制权从而损害股东的利益。就算董事经理并不以权谋私，但怠于行使控制权，在经营管理中错误决策同样会损害股东的利益。由此立法者们发现，要让董事经理正确行使控制权，实现股东最佳利益，不但要监督董事经理的私心，而且要监督董事经理的懒惰。为此，公司

---

[1] 〔美〕阿道夫·A.伯利、〔美〕加德纳·C.米恩斯：《现代公司与私有财产》，甘华鸣、罗锐韧、蔡如海译，北京：商务印书馆，2005，第20~95页。

第一章 智能投顾模式下信义义务的正当性

法建立了一系列制度来监督董事经理，其中董事经理信义义务是重中之重。可以说，公司法对信义义务的引入是基于公司控制权的正当行使以保障股东利益的需要。

（四）信任、信赖

在律师对委托人、医生对病人的关系中，通常不存在财产的交付和所有权的转移，然而这并不能阻止法律将信义义务引入这些关系。为什么律师要对委托人、医生要对病人承担信义义务呢？在法律事务中，由于专业能力的缺乏，当事人将自己的法律事务委托给律师处理，是基于对律师人品的信任、法律执业资格和法律专业技能的信赖。当事人在选择律师时，会考察律师的人品和执业经历，以了解是否将自己的法律事务委托给某一位律师。法律事务的处理结果对当事人的利益影响巨大，律师在代理法律事务的过程中是否勤勉尽责、忠于委托人利益直接影响到当事人的利益。在医患关系中，我们更容易发现信任和信赖的存在，基于对医生的信任和信赖，病人会将自己的生命和健康交到医生手里，允许医生对自己施药或者动手术。医者仁心，但也不排除医生利用这种信赖关系实施损害病人利益的行为。面对医生的损害行为，病人通常无力反抗。在上面的两个例子中，我们面临着与信托法、公司法中相同的问题，受托人有可能损害权利人的利益，因此，有必要引入信义义务。这就解释了在这些法律关系中信义义务的理论依据在于信任和信赖。

二 智能投顾的法律结构

人工智能、大数据、云计算给各行各业带来颠覆性的冲击和变革，不但改变了原来的经济结构、社会结构，而且对法律结构产生了深远的影响，崭新的业态不断对法律秩序发起挑战，并在一定程度上打破了原来的法律结构。智能投顾就是其中的典型。在对智能投顾法律关系性质的认识上，目前有三种观点。一是信托关系。吴烨、叶林从智能投顾经营模式分析角度认为，投资者将其资金交给智能投顾平台，全权委托智能投顾平台为其实现自动化投资决策，智能投顾平台依据与投资者签订的投资委托合同，为投资者

智能投资顾问中的信义义务

管理财产，实现资产增值。这种经营模式与信托经营模式相吻合。在智能投顾中引入信托关系，投资者将财产交付给智能投顾平台并享有财产收益权，智能投顾平台享有财产管理权，当信托投资发生影响投资者收益的情况时，智能投顾平台对投资者负有信息披露义务。[①] 二是证券投资咨询关系。李晴从多个角度阐述了智能投顾的法律关系，认为智能投顾的经营者与投资者间是证券投资咨询关系、账户全权委托关系、证券投资分析关系。[②] 三是委托代理关系。王灏认为智能投顾运营者与投资者之间应当构成委托合同关系。智能投顾服务合同以证券投资咨询服务为内容，以智能投顾平台提供投资咨询服务为标的，投资者与智能投顾平台通常会对二者权利与义务、违约责任、争议解决等进行约定，从法律关系角度分析，智能投顾服务合同应属于委托合同。因投资咨询服务具有较强的专业性，在委托关系中，投资者基于对智能投顾平台专业能力的信任而签订智能投顾服务合同，智能投顾平台应对投资者承担信义义务。[③] 这三种观点都从传统法律关系上观察智能投顾法律关系性质，如前所述，智能投顾的商业模式、功能及特点都和人工投顾有非常大的区别，虽然从传统法律关系类型上给智能投顾定位有助于我们理解智能投顾的法律结构，但是要进一步关注智能投顾对传统法律关系的创新及由此带来的新的法律问题。从与传统法律关系的联系紧密程度上来看，笔者更倾向于委托代理法律关系，结合对智能投顾商业模式的认识，笔者认为智能投顾法律关系是一种特殊的委托代理法律关系。

（一）智能投顾法律关系的主体

一个完整的信托法律关系通常需要委托人、受托人和受益人。委托人、受托人和受益人可以是自然人，也可以是法人及其他法律认可的主体。信托可以为某个特定的目的而建立，可以没有受益人，即特殊目的信托。委托人

[①] 吴烨、叶林：《"智能投顾"的本质及规制路径》，《法学杂志》，2018年第5期。
[②] 李晴：《互联网证券智能化方向：智能投顾的法律关系、风险与监管》，《上海金融》，2016年第11期。
[③] 王灏：《智能投资顾问服务之法律风险承担》，《暨南学报》（哲学社会科学版），2019年第8期。

第一章 智能投顾模式下信义义务的正当性

可以以自己为受托人设立信托，也可以以自己为受益人设立信托。以自己为受益人设立的信托为归复信托。在归复信托中，委托人将财产授予受托人，要求受托人为委托人自己的最佳利益管理信托财产，委托人主要是权利主体，受托人主要是义务主体。探讨智能投顾法律关系主体的文献很多，其中关于顾问机器人能否享有主体资格的问题比较吸引眼球，争议很大。从科技的发展速度来看，未来社会不排除会出现具有自主意识的强人工智能，但在目前社会只存在弱人工智能的情况下，赋予人工智能主体资格显然很荒谬。因此，顾问机器人或者智能系统只能是人类的工具，在智能投顾法律关系中，也只可以成为客体。后面笔者会专章研究这个问题。在实践中，投资者委托智能投顾运营者（如 Betterment 公司等）为投资者自己的投资利益利用智能投顾平台提供投资咨询、资产管理等服务，智能投顾运营者接受委托，并按照投资者最佳利益行事，由此构建的法律关系，同归复信托极为相似。实践中形成的智能投顾法律关系虽然有信托合同的特征，但是为了强调投资者保护，笔者更赞同按委托代理关系对待，具体内容将在本书第二章详细阐述。

在智能投顾法律关系中，投资者是主要的权利主体，通过在智能投顾平台注册，签订电子合同，成为投资咨询服务的客户。投资者并不是直接同智能投顾系统签订合同，智能投顾平台通常以营运主体的名义与投资者签订合同。智能投顾平台运营主体有的是证券投资咨询机构，有的是证券公司，有的是资产管理机构，通常是取得证券投资咨询或者资产管理牌照的法人机构。因为智能投顾的合同主体是其平台运营主体，所以平台运营者是承担投资咨询和资产管理服务主要法律义务的主体。除了主要权利主体和义务主体之外，在智能投顾法律关系中，通常还会涉及第三方主体及个人利益相关者，第三方主体主要有参与智能投顾平台建设的硬件和软件服务商、提供资产的基金公司、提供经纪和融资服务的证券公司等。这里讲的个人利益相关者主要是各类主体中的从业人员，按对投资者利益的影响程度首先是运营主体的管理人员、人工顾问、软件开发人员、程序员等，其次包括第三方主体的管理人员、业务人员、技术人员等。

（二）智能投顾法律关系的客体

法律关系的客体是指权利义务所共同指向的对象。[①] 信托法律关系的客体是委托人授予受托人承诺按照信托合同管理的信托财产。信托权利义务则围绕信托财产展开。在民事委托代理法律关系中，客体不是财产，而是代理人的代理行为。智能投顾法律关系的客体在不同的商业模式下呈现不同的情况。在全委托账户模式下，投资者即客户将资金注入账户，由智能投顾平台基于算法进行投资和管理，客体应当是投资者注入账户的资金。在半委托账户模式和不委托账户模式下，投资者自己管理账户并执行投资决策，账户内资金处于投资者控制之下，因此，客体是运营者基于智能投顾平台的投资咨询行为。

（三）智能投顾法律关系的内容

智能投顾模式为什么会吸引投资者？除了低门槛、低佣金、智能化等优势之外，最重要的是智能投顾能够实现投资者的投资目标，满足投资者对资产保值增值的需要。因此，不论功能多么复杂的智能投顾平台，如果不能够提供高度匹配投资者需求的投资组合、有效降低投资风险，就不能在市场竞争中胜出。在权利义务的法律框架中，权利和义务通常是相对应的。一方当事人的权利，必然是另一方当事人的义务。投资者在智能投顾法律关系中享有的权利，即智能投顾运营者承担利用智能投顾平台为投资者提供投资咨询服务和资产管理服务的信托责任义务。智能投顾运营者享有收取佣金的权利，即投资者支付报酬的义务。上面所述是智能投顾法律关系主要的权利义务。为了保护法律关系当事人的利益，法律通常还会设置知情的权利和披露的义务、履行的义务和要求对方配合的权利等。然而由于技术的复杂性和算法的不透明，作为受托人的运营者能否勤勉尽责地履行合同义务、能否做到不利用受托人地位非法获取利益成为智能投顾发展中最为关键的问题。

---

① 付子堂主编《法理学初阶》（第 5 版），北京：法律出版社，2015，第 175 页。

三 智能投顾模式对信义义务规则的适用

美国《1940年投资顾问法》并未将信义义务标准适用于投资顾问，为了保护投资者利益，后来通过资本利得局判例要求投资顾问必须符合信义义务标准。近年来，美国SEC要求智能投顾（投资机器人顾问）模式应当符合《1940年投资顾问法》及相关信义义务标准。[1] 我国投资咨询顾问相关法律法规并未明确建立信义义务制度，然而学界及司法实务部门对于投资咨询顾问机构及其从业人员承担信义义务达成了普遍共识。智能投顾颠覆了传统投资顾问的商业结构和法律结构，由于高科技的介入和智能算法的不可预测性，信义义务针对的利益冲突和受托人偷懒等问题越发突出，笔者认为智能投顾模式下投资者保护任务更加艰巨。本部分从两个方面来分析智能投顾模式为什么需要适用信义义务规则：一是审视智能投顾模式中是否存在利益冲突等法律风险；二是考察智能投顾法律关系中是否存在信义义务产生的基础理论所揭示的信义义务产生的前提或者必要条件。

（一）基于法律风险的审视

智能投顾公司宣称，它们用人工智能替代人工顾问，7×24小时不间接地工作，可以勤勉尽责地为投资者服务，而且人工智能没有私心，不会和投资者产生利益冲突。客观情况真的如此吗？尽管智能投顾基于智能程序的自动运行，减少了人工干预，但是依然存在严重的利益冲突现象，这些利益冲突在设计算法的时候就已经埋下了，监管机构需要对智能投顾可能存在的通过操作算法来满足自我利益、启用回扣计划或不恰当限制投资者投资选择范围等行为进行监管。智能投顾的排序或匹配算法同样存在风险，主要表现为对金融产品的排序存在误导，向投资者推荐的金融产品并不与投资者匹配。智能投顾同样面临着投资者数据不准确的风险，通过调查问卷的方式收集投

---

[1] Bret E. Strzelczyk, "Rise of the Machines: The Legal Implications for Investor Protection with the Rise of Robo-advisors," *DePaul Business & Commercial Law Journal*, Vol. 16, Issue 1 (2017), p. 56.

智能投资顾问中的信义义务

资者数据显然存在着问题过于简单、不能全面覆盖投资者信息的情况。智能投顾投资品种的选择同样存在着风险，比如提出期权的顺序、提出期权的数量、提出期权的属性、期权的结构都会对投资者产生重大影响。监管者经常会根据评论频率、编程的说明、建模的流程和形式、对软件缺陷的持续更新和完善来判断哪个模型更优。智能投顾算法的缺陷被认为是最大的风险。这些风险不但需要监管机构加强监管，更需要适用一定的法定义务规则来促使智能投顾运营者尽力规避，这个法定义务规则就是信义义务规则。

（二）基于基础理论的考察

在全委托账户模式中，投顾协议的执行需要投资者向受托人转移资金，由受托人管理投资者的账户及账户内的资金。根据对物的义务的理论，受托人占有投资者资金，则应当对投资者承担对物的义务，即按照投顾协议约定的方式和用途来管理账户内资金的义务，也就是信义义务。通过签订投顾协议及执行投顾协议，受托人通常对投资者产生自愿的承诺，根据自愿承诺理论，受托人对投资者承担信义义务的基础源于这种自愿的承诺。智能投顾运营者宣称他们会为投资者的最大利益负责，这种承诺产生信义义务的约束力。根据控制权理论，投资者将自己的账户及资金交由智能投顾运营者管理，转移对账户及资金的控制权，智能投顾运营者行使控制权，应当对投资者承担信义义务。投资者在众多智能投顾平台中，基于智能投顾的算法、过去业绩、服务质量及未来期待等，选择一家并与之建立智能投顾关系，这表明投资者对智能投顾运营者的信任、信赖。根据信任、信赖理论的解释，智能投顾运营者作为受托人，应当对投资者承担信义义务。

（三）结论

智能投顾面临的法律风险会给投资者带来巨大损失，也会给智能投顾运营者带来合规的挑战，适用信义义务规则可以在一定程度上保护投资者，使智能投顾运营者符合监管规范。Betterment 在给投资者的信中开宗明义郑重承诺：他们是受托人。这意味着在商业实践中智能投顾平台企业已经认识到自己的法律地位，并开始积极承担信义义务。这一方面是运营者为了符合监管法规的要求，另一方面智能投顾平台企业表明主动承担信义义务，可以免除投资者的担忧，从而吸引更多的客户。通过对物的义务，自愿的承诺，控制权和信任、信赖理论的解释，智能投顾模式适用信义义务规则在法学理论中找到了依据。

第三节 智能投顾模式中信义义务的经济学分析

投资顾问是一种经典的经济活动，经济利益最大化是其根本目的，效率是其价值追求。将人工智能引入投资顾问活动，利用人工智能先进技术进一步提高投资顾问的效率，促使经济利益最大化。尽管前景美好，但算法"黑箱"、信息不对称、技术故障以及在算法当中设置利益冲突结构等问题的存在，带来新的效率难题，有可能导致投资者遭受更大的损失。基于此，有必要在智能投顾模式中引入信义义务制度。本节将从三个方面来分析智能投顾信义义务制度的经济学基础：一是基于委托代理理论的分析；二是基于交易成本理论的分析；三是基于关键资源理论的分析。

一 基于委托代理理论的分析

委托代理理论建立了现代经济学的基石，在社会经济活动当中得到了广泛的应用，其关键在于减少代理成本。委托代理关系在现代经济活动中广泛存在，不像法律关系当中的委托代理关系必须有当事人明示或者默示的委托授权，只要一个人的行为会对他人的利益产生影响即可认为存在委托代理关系，比如政府官员和公民、监护人和被监护人、公司董事和股东、教师和学生等。毫无疑问，智能投顾从经济学角度来看，本质是委托代理关系。因为智能投顾的输出会直接影响投资者的利益，关系到投资成功与失败。这里的智能投顾的输出是针对智能投顾系统而言的，其背后就是运营者。运营者通过智能投顾的开发设计和运营实施其投资顾问行为，对投资者的投资结果产生直接影响。智能投顾系统的自动化运行并没有改变智能投顾活动委托代理关系的经济学本质。

委托代理理论指出，委托人和代理人都会追求自己利益的最大化，这天

智能投资顾问中的信义义务

然存在着利益冲突。① 这不难理解，尽管双方在委托代理关系中处于不同的地位，但这丝毫没有改变双方理性经济人的经济本性。具体来讲，委托人肯定希望通过代理人的行为获取最大的利益，而代理人只希望在执行代理事务的过程中获得最优的报酬。甚至当与委托人的利益相冲突时，代理人选择以自己的利益为重，从而损害委托人的利益。当然这与委托代理关系设置的初衷相违背。因此，委托代理关系面临的难题是如何建立代理人激励机制和监督机制。在传统信托关系当中，受托人不能从信托事务当中受益。现代商业信托改变了这种传统，商业信托机构通过收取信托管理费实现发展。在公司治理、投资顾问、律师业务等委托代理关系中，代理人都会收取报酬。那么我们应当建立什么样的激励机制，才能让代理人愿意为了委托人的利益最大化而努力工作，在自己的利益和委托人的利益发生冲突时以委托人的利益为重？

业绩考核、任期制通常作为常见的措施被用在公司治理当中，以激励董事和经理层。对董事经理的业绩考核常规以公司经营目标的实现、利润的大小为主要指标，任期制通过任期届满考核来确定下一个聘期是否续聘的方式建立激励机制。任期制可以在一定程度上激励董事经理，也有可能带来新的问题。比如董事经理追求公司短期效益的短视行为、冒险投资行为等，给公司长期发展带来危害。此外，董事经理和股东的利益冲突也非常明显，窃取公司机会、不公平自我交易、违规对外担保等利用职务之便谋取私利的行为普遍存在。由此造成代理成本增大，股东的利益受到了损害。其根本原因就是现代公司所有权和控制权相分离，董事经理作为股东的代理人实际上控制公司的经营，作为所有者的股东面临着监督难、代理成本巨大的难题。为此，现代公司治理体系围绕着减少代理成本而建立，在制度建设上现代公司法引入了来自传统信托法的信义义务制度。信义义务制度由注意义务制度和忠实义务制度组成。注意义务制度用于弥补公司激励机制的不足，解决董事经理偷懒和冒险投资等行为缺陷；忠实义务制度针对董事经理和股东利益的

---

① 参见胡乐明、刘刚《新制度经济学原理》，北京：中国人民大学出版社，2014，第100页。

第一章 智能投顾模式下信义义务的正当性

冲突而建立,当董事经理和股东利益发生冲突的时候要求董事经理以股东利益为重。

另一个典型的例子就是基金管理人。一只基金能否发行成功,不但取决于基金本身产品设计,包括基金投资领域、基金合同条件等,还取决于基金管理人的声誉和历史业绩。基金管理人募集基金,以专业知识代替基金持有人管理基金,投资范围和投资组合的选择趋于无穷大。且投资是一项高风险的活动,基金管理和运行面临着严重的代理问题,我们很难为基金管理人制定一个精确的行为标准。实践中,基金管理人怠于履行管理职责、利益输送、以权谋私等情况时有发生。由于基金投资者高度分散,无法监督基金管理人,监督成本非常大。而引入信义义务制度中"投资者利益最大化"及"忠实于投资者利益"的信义义务人行为标准则为解决基金管理和运行的代理问题提供了可行的路径,有利于建立有效的激励机制和监督机制。

代理问题的突出表现就是代理成本居高不下。代理成本通常包括代理人的超额在职消费、以权谋私的成本、偷懒导致的委托人损失以及委托人监督代理人支出的费用等。信义义务制度主要围绕减少代理成本展开,包括建立激励和监督机制。美国《1940年投资顾问法》早已识别出传统的人工投资咨询顾问业务中的代理问题,并且在投资咨询法律关系中适用信义义务标准以减少代理成本,保护投资者利益。智能投顾在金融科技的风口下飞速发展,取得巨大市场规模,大有超过传统投资顾问业务的趋势。然而,人工智能技术并没有改变智能投顾委托代理关系的实质,反而因为技术的复杂性、算法的不透明、利益主体的多元性等特征,导致代理问题更加明显,代理成本居高不下。因此,为促进智能投顾的健康发展,保护投资者利益,在法律上明确适用于智能投顾的信义义务制度迫在眉睫。

前文已从智能投顾同传统投顾的比较中得出,智能投顾存在着与传投顾相似的法律结构,因此,也存在着相似的代理问题,为解决代理问题应当引入信义义务制度。那么,智能投顾的经济结构同公司董事经理、基金管理人、人工投资顾问相比较,是否也具有相似的结构?智能投顾运营者使用智能投顾平台为投资者提供投资顾问服务,投资者直接面对的是智能投顾平台，运营者、平台公司从业人员、软件开发者都在智能投顾平台的后面，不用与投资者面对面。众所周知，投资者投资的目的在于赚钱，而智能投顾运营者、平台公司从业人员、软件开发者也有他们的经济目的，大家都是市场经济中的主体，必须适应市场法则。通常的模式是运营者通过向投资者收取智能投顾平台使用费、销售投资标的提成以及赢利提成奖励等方式取得收入；平台从业人员通过平台公司支付工资、业绩提成奖励等方式获取工资性收入；软件开发者通过运营者支付软件开发费用或者软件使用费用取得收入。这些收入有一个共同特征，都是来自投资者的直接或者间接支出。运营者、平台从业人员、软件开发者作为理性经济人，都希望自己利益最大化，而不是投资者利益最大化。追求他们自身利益最大化必然会损害投资者的利益，造成巨大的代理成本，如果任其发展，就没有人愿意担当投资者，资本市场就好比巧妇难为无米之炊。引入信义义务制度，并无法改变智能投顾的经济结构，也无法改变智能投顾中投资者、运营者、平台从业人员、软件开发者理性经济人的本质，但是可以为上述主体设定行为的边界，即设定综合利益最优、各方利益相对平衡的行为标准。在信义义务制度构架下，智能投顾平台为服务工具，尽管投资者每天"见到"的都是它。真正的受托人则是运营者，平台从业人员和软件开发者可以视为广义的受托人。受托人对投资者承担信义义务，以专业投资顾问的谨慎理性人的行为标准为投资者利益最大化从事委托事务，并且以投资者利益为重。由于信义义务制度通常配套法律上的惩罚机制，投资者可以减少事务执行过程中的监督，以降低监督成本；受托人从为投资者提供服务中获取正当收益，投资者减少了受托人违信收益的额外支出。智能投顾的代理成本由此减少，突出的代理问题得到控制。

二 基于交易成本理论的分析

科斯（Coase）在其影响深远的巨作《企业的性质》中提出了科斯定律，交易成本理论由此产生。科斯认为，企业机制和市场机制是两种可以互相替代的机制，企业机制以内部科层制结构组织生产，可以节约交易成本，当内

第一章 智能投顾模式下信义义务的正当性

部生产的成本大于企业从外部购买的成本时,企业通常会选择到外部采购。张五常进一步发展了科斯的理论,但认为企业内部交易是要素市场,企业外部交易则是产品或者商品交易市场,两种市场可以看作不同的契约机制。[①] 选择企业内部契约机制还是外部市场契约机制,则取决于交易费用。在交易成本理论构架下,交易成本成为交易考虑的核心要素。为什么存在交易成本?交易成本理论的前提是人是有限性的,未来充满不确定性,交易者无法对未来进行充分的安排。

证券投资市场充满复杂性、高风险性,投资者不但面临着个人投资的风险,而且面临着市场整体风险。投资充满着各种不确定性,投资品种、投资具体标的、投资额度、买入时点、持仓时间、卖出时点、风险对冲工具选择等投资决策的作出,由于投资者的有限理性以及市场的不完全性,是不完全的、不确定的,因此任何投资者都面临着巨大的交易成本。投资者面临的交易成本不但包括经纪商收取的交易佣金、资金的时间成本、交易税金、信息收集成本、监督交易执行的费用等,还包括投资损失的巨大成本。笔者认为,证券投资市场是典型的剩余价值索取市场,投资者只有在支付各种交易成本之后,如果还有盈利,才能够获取投资收益。个人中小投资者由于缺乏投资专业知识,通常随意决策和操作,追涨杀跌,频繁交易,交易成本显然大大高于专业投资者和机构投资者。因此,专业投资者和机构投资者的投资收益通常高于个人中小投资者。

对投资者而言,追求交易成本的减少,可以大大提高投资的收益率。除了理性决策和交易之外,个人中小投资者是否还有其他方式可以减少交易成本?投资顾问应运而生。投资顾问以其专业服务能力,在投资组合的选择、投资时点、持仓大小和时间、系统性风险的规避、监视投资者的账户等方面为投资者提供投资咨询服务。从法律结构上看,投资者与投资顾问之间建立了委托代理关系。笔者认为,从交易成本理论的视角来看,投资者与投资顾

[①] 张五常:《企业的合约性质》,载《经济解释:张五常经济论文选》,北京:商务印书馆,2000,第351~379页。

智能投资顾问中的信义义务

问之间通过委托代理关系建立了一种内部契约机制。这种内部契约机制，替代了外部市场契约机制。如果没有投资顾问的介入，投资者面对市场，直接受到外部市场契约机制的约束，与不同的交易对手建立交易契约关系。投资者必然要承担交易品种的选择、交易标的的选择、交易时点、交易金额等复杂的交易契约的约定和执行事务，尽管现在采用电子交易，在交易时间内，投资者可以瞬间完成一次操作，但是其应当支付的信息成本、缔约成本、执行契约成本等交易成本一点也不会少，这是外部市场契约机制下必然存在的交易成本。投资者选择通过投资顾问来投资，是一种间接投资，替代了投资者在证券市场上的直接投资。投资者与投资顾问之间建立的内部契约机制，以专业顾问的机制取代了投资者直面市场的外部机制。只要内部契约机制的交易成本低于外部市场契约机制的交易成本，这种内部契约机制就有存在的价值，即投资顾问存在的价值在于投资者使用投资顾问机制的交易成本低于直接面向投资市场的交易成本并显著增加投资者的收益。

当然，投资顾问也存在着局限性，比如投资顾问的有限理性、利益冲突、顾问服务费高、投资顾问人数限制只能服务高净值投资者、投资顾问的决策失误等问题，这给投资者带来新的交易成本。有时，投资者不但要承担投资损失，还要足额支付投资顾问费。智能投顾的发展，成为解决这些问题的曙光。智能投顾最大的优点就是利用智能算法进行决策，减少人工干预，低收费、低门槛可以服务各类投资者特别是请不起人工顾问的低净值投资者。如前述所知，智能投顾并没有改变投资顾问委托代理关系的本质，因此，智能投顾同投资者之间的内部契约机制，进一步降低了投资者的交易成本。这也解释了为什么众多投资者会选择智能投顾，为什么智能投顾会飞速发展。

科斯定律揭示了企业内部机制替代外部市场机制的根本原因在于，企业内部机制的交易成本通常小于外部市场机制的交易成本。对于企业来说，内部要素之间的交易和流动是同样有交易成本的，而交易成本取决于企业内部机制的科学性和合理性。可以说，一个优秀的企业内部机制可以使企业的边界扩大。这也可以解释为什么优秀的企业可以通过扩大规模形成规模经济而获取更高的收益。因此，企业的治理在于追求更加科学、更加合理、更加有效率的内部机制以减少交易成本。同样，对于智能投顾来说，在智能投顾运营者同投资者之间建立的内部机制应当以一系列的规则去减少交易成本、优化顾问内部机制。运营者及平台从业人员、技术开发人员的偷懒和不忠行为会导致投资者的损失，从而增加内部机制的交易成本，为了减少这类交易成本，建立信义义务制度以控制上述偷懒和不忠行为就成为一种必然的选择。其实同企业一样，信义义务制度已经成为智能投顾内部机制的重要组成部分，发挥了内部机制减少交易成本的功能和作用。

三 基于关键资源理论的分析

众多学者对信义义务的起源进行了研究。根据 L. S. Sealy 的研究，主要存在四种类型的信义关系：一是"一个人控制的财产……在衡平法院看来，是他人的财产"；二是某人"已承诺或有义务……代表他人或为他人利益行事"；三是财产权益受限制或者部分受限制的人取得财产的续期或者附加权利；四是存在"不适当的影响"，如"僧侣—奉献者关系"。[1] Edward B. Rock 和 Michael L. Wachter 尝试将公司的产权理论应用到美国《信托责任法》中。[2] 有学者认为信义义务是法律应对一系列情况的一种手段。在这些情况下，因为与另一个人的关系的特点，一个人的自由裁量权应该受到控制，因为这个人的这一工具性描述是关于信义义务能够持续的唯一一般性主张。[3] 关键资源理论认为，信义义务产生于受托人对受益人关键资源的控制，这种关键资源通常表现为财产，如资金、土地使用权等。在一些情况下，这种关键资源也可以是一些被受益人重视但通常不被认为是财产的东西，比如客户

---

[1] L. S. Sealy, Fiduciary Relationships, 1962 Cambridge L. J. 69; J. C. Shepherd, Towards a Unified Concept of Fiduciary Relationships, 97 L. Q. Rev. at 74 – 79 (1981).

[2] 参见 Edward B. Rock, Michael L. Wachter, Islands of Conscious Power: Law, Norms, and the Self-Governing Corporation, 149 U. PA. L. Rev. 1619, 1634 – 40 (2001).

[3] Deborah A. DeMott, Beyond Metaphor: An Analysis of Fiduciary Obligation, Duke L. J. 879, 915 (1988).

智能投资顾问中的信义义务

与律师共享的机密信息。关键资源将信义人与受益人联系在一起,构建了信义关系。关键资源理论进一步提出,如果所谓的信义义务的受益人除了模糊地期望另一个人会忠诚行事之外,没有提供任何关键资源,那么法院应该拒绝适用信义义务规则。关键资源理论表明,受益人的脆弱性源于信义人对关键资源缺乏防范机会主义的能力。

法院有采用信托责任的关键资源理论的例证,比如在美国的诉切斯特曼一案中,第二巡回上诉法院认为受托人义务通常体现出受托关系涉及自由裁量权和依赖性:一个人依赖另一个人即受托人为其利益服务,当依靠受托人为受益人利益行事时,受益人可以委托受托人对一定的财产进行管理。受托人获得这些财产的目的是服务于受托关系,因此他有义务不将这些财产挪作他用。[①] 简单来讲,受托人控制着受益人的关键资源,就有义务为受托目的而谨慎管理这些财产。关键资源理论可以用来解释各种法律关系中信义义务存在的根源。简单来说,为什么信义义务人要对委托人承担信义义务呢?因为义务人控制着委托人的关键资源。在大多数信义关系中,比如董事与股东、信托受托人与受益人等,义务人占有并管理受益人的财产关键资源,为防止受托人实施机会主义行为,受托人应当对受益人承担信义义务。在律师与客户、会计师与客户等这类专业咨询关系中,该咨询关系同样具有信托性质,因为在关系中存在机密信息。尽管这些机密信息不一定能够通过出售获取利益,但是对所有者有价值,因此就构成一种关键资源。

在智能投顾关系中,为什么会要求运营者及平台从业人员、软件开发人员承担信义义务呢?关键资源理论同样可以给出答案。在全委托账户模式下,投资者将自己的账户及账户内的资金委托给智能投顾运营者管理,投资者将自己的关键资源——资金转移给运营者控制并管理,为了防止运营者及

---

① 947 F. 2d 551, 569 (2d Cir. 1991). For Incisive Commentary on the Property Rights Theory of Insider Trading, see Stephen M. Bainbridge, Incorporating State Law Fiduciary Duties into the Federal Insider Trading Prohibition, 52 Wash. & Lee L. Rev. 1189, 1252 – 57 (1995); Stephen M. Bainbridge, Insider Trading Regulation: The Path Dependent Choice Between Property Rights and Securities Fraud, 52 Smu L. Rev. 1589, 1644 – 50 (1999) [hereinafter Bainbridge, Path Dependent].

平台从业人员、软件开发人员的机会主义行为，就应当让他们承担信义义务。在非全权委托账户模式下，投资者只向智能投顾平台寻求投资决策建议、投资报告等，并不向智能投顾运营者转移资金，那么此时运营者及平台从业人员、软件开发人员是否会有机会主义行为呢？答案是肯定的。因为按关键资源理论的观点，在咨询过程中传达了机密信息，如投资者的投资偏好、投资组合的选择、投资金额和投资时机等，这些机密信息即可构成关键资源，因此为防止义务人的机会主义行为，也应当让他们承担信义义务。

第二章　揭开智能投顾的面纱：信义义务主体

信义义务的正当性基础在于权利的滥用和保护的缺失。一方面，权利的滥用是信义义务关系的核心问题，并且此处的"权利"不同于民事主体享有的权利，而是特指受托人可能对受益人造成损害的能力，[①] 或者说是受托人享有的行使某种自由裁量权的机会，单方面行使这种权利能够影响受益人法律的或者实际的利益，对受托只是享有决定权或事实上的控制力和影响力。[②] 另一方面，规定信义义务的必要性在于，委托方无法通过其他法律手段来阻止上述权利滥用的发生，保护方式的缺失是规定信义义务的重要原因。也就是说，如果受益人可以通过自力救济、合同、法规或其他方式保护自己免受权利滥用的损害，则信义义务没有存在的必要。基于上述的理论，Frankel 将信义义务的三要素归纳为：受托人替代委托人行事，受托人从委托方或第三方获得授权以有效行事，委托方无法通过其他法律手段来阻止权利滥用的发生。根据 Frankel 的理论，"权利授权"是区分信义义务关系与其他法律关系的重要标准。其中，被授予的权利，即所谓的"控制力"是关键。这种控制力是指能够在有限范围内对委托方决策施加重大影响的权利，为防止这种控制力的滥用，应当对受托人施以信义义务。

智能投顾作为人工智能与大数据相结合的产物，随着金融科技（Fintech）3.0 时代的到来，智能投顾越来越受到投资者的追捧。相应地，智能投顾在不同国家也发展出了不同的商业模式。正确定性智能投顾模式下的法律关系、识别法律关系中的义务主体，是对智能投顾进行监管的前提和核心。

[①] Tamar Frankel, Fiduciary Law, 71 Cal. L. Rev. 795, 825 n. 100 (1983), at 809 n. 47.
[②] 参见 Twentieth Century Fund, The Security Markets, 231 (1938).

第二章 揭开智能投顾的面纱：信义义务主体

第一节 智能投顾模式中的利益冲突

根据腾讯研究院和中国信通院互联网法律研究中心的研究，智能投顾虽然存在不同的商业模式，但都未完全消除人的参与，即使在完全自动化智能投顾模式之下，客户仍可通过在线聊天、电话或视频电话等方式，与人工专业顾问进行沟通。[①] 人们对智能投顾平台进行设计、建模、编程，并在幕后对智能投顾的运行和销售进行实际操作，保持与客户之间的交流。因此，虽然智能投顾作为投资者与市场间的中介有着超越人类的潜力，但它们并不能从本质上避免激励机制的失调。[②] 人仍然是决定智能投顾忠实与否的因素，在人类的参与下，智能投顾会受到许多利益冲突的影响，进行自我交易。

一 智能投顾三边委托代理结构与利益冲突

智能投顾与相关交易主体间的利益输送，主要基于智能投顾的三边委托代理结构。智能投顾关系中，涉及三方当事人：投资者（客户）、智能投顾平台、提供金融产品的公司。理想情况下，智能投顾会从投资者利益出发，通过大数据锁定市场上可选的投资对象，使用算法对一系列投资产品进行排列组合，并根据投资者偏好对投资组合进行排序，为投资者提供可选择的投资方案。但如前所述，智能投顾不可能完全消除人工干预因素，智能投顾决策完全符合投资者利益的应然状态在现实中会因利益冲突而出现不同的实然状态。智能投顾平台可以宣称"免费"提供服务，以在竞争激烈的市场中占据一席之地，但这种所谓的"免费"存在一种误导。智能投顾平台不对客户直接收取费用，但智能投顾公司可以从提供金融产品的公司获得补偿或回扣，而这些补偿或回扣来源于客户支付的高昂经纪

[①] 腾讯研究院、中国信息通信研究院互联网法律研究中心：《人工智能》（第1版），北京：中国人民大学出版社，2017，第116页。

[②] 张成岗：《人工智能时代：技术发展、风险挑战与秩序重构》，《南京社会科学》，2018年第5期。

费、交易费和其他费用。① 只要智能投顾平台依赖的算法程序在设计之初被编程为带有倾向性，倾向于向客户推荐与智能投顾公司存在利益输送的金融产品销售公司，智能投顾公司即可在客户毫不知情的情况下获利。例如，在美国伊利诺伊州北部地区的一起大型联邦投资者集体诉讼案件中，原告指控晨星公司（Morningstar）利用其名为 GoalMaker 的自动投资工具进行交易存在不当行为。② 诉状称，GoalMaker 向储户提供的资产配置模型看起来是公正的，但事实上这种模型"系统性地影响投资者将资金投入各种高成本的退休基金，而这些基金向被告支付了高昂的费用"。

二 智能投顾运营模式与利益冲突

（一）利益冲突的诱因——智能投顾低收费模式

智能投顾始于美国 2008 年金融危机之后。美国民众在个人财务大幅缩水、对华尔街的服务产生怀疑后，开始寻找成本更低、收益更高的投资方式。由此，以投资组合理论为基础、以 ETF 为主要投资标的的智能投顾开始进入人们的视野，并获得了"千禧一代"的极大追捧。与此同时，作为普惠金融，低收费也成为智能投顾的特征之一。但基于互联网金融与大数据的智能投顾，其平台开发所需要的成本与低费率之间的不匹配，导致创业型智能投顾平台大批量倒闭。实际上，智能投顾与许多传统投资顾问相比，提供的服务在量上没有更少，成本也没有更低。美国行业调查数据显示，单纯进行产品开发的智能投顾平台的成本可能高达 100 万美元，如果将平台的维修、维护费用，客户的获取成本考虑在内，平台的成本远不止这些。③ 单纯依赖客户总资产额的 0.25%～0.9% 服务费带来的收入，智能投顾公司至少需要

---

① 梅杨、刘沛佩：《美国证券交易委员会关于智能投顾的指引更新和投资者公告》，《证券法苑》，2018 年第 1 期。
② 参见 Complaint, Green v. Morningstar, Inc., No. 17 C 5652 (N. D. Ill. Mar. 16, 2018)。
③ Andrea L. Seidt, et al., "Paying Attention to that Man Behind the Curtain: State Securities Regulators' Early Conversations with Robo-advisors," University of Toledo Law Review, Vol. 50, Issue 3 (Spring 2019), p. 501.

耗费几年的时间收回成本，甚至在没有收回成本前即宣布倒闭。美国智能投顾先驱企业 Hedgeable，在经营长达 8 年、管理总资产达到 8000 万美元后不久宣布倒闭。智能投顾公司 Learnvest 也在 2015 年以 2.5 亿美元的价格被卖给了西北互助银行（Northwestern Mutual）。

基于平台维持运营的需要，部分运营者开始利用智能投顾无人化的特征给投资者带来中立、透明的表象，运用投资者认为智能投顾推荐的投资组合更客观、更符合其最大化利益的心态，将平台的算法设计为有偏见的、主要推荐与平台有利益输送的中介或供应商销售的金融产品。投资者这种错误的认识为智能投顾领域滋生了利益输送的土壤，平台运营的高成本更是成为运营者获取自我利益的诱因。

（二）利益冲突的催化剂——投资顾问业务范围的限制

目前，我国智能投顾大致分为三类：第一类是智能投顾创业平台，完全借鉴美国 Betterment、Wealthfront 等平台的模式，主要为客户推荐海外资产，如弥财、财鲸等；第二类是由互联网金融平台演进的智能投顾平台，如蚂蚁财富、京东智投等，因拥有较高的品牌知名度和稳定的客户群而主打产品销售，用户画像和风险评估能力较弱；第三类是传统金融机构推出的智能投顾平台，如招商银行的摩羯智投、广发证券的贝塔牛，这种类型的智能投顾平台虽然起步较晚，但因传统金融机构在客户群、资金实力方面有优势，起步后便占据了智能投顾 50% 以上的市场份额。[①] 我国智能投顾市场出现金融机构独占鳌头的格局，除金融机构在资金以及客户群方面占据优势外，还因为现行法律关于资产管理业务经营主体的限制。根据《关于规范金融机构资产管理业务的指导意见》第二十三条的规定，除了金融机构的智能投顾平台在获得牌照后能开展资产管理业务外，其他非金融机构的智能投顾平台只能在取得投资顾问资质后开展投资咨询业务。同时，《证券法》禁止投资咨询机构及其从业人员代理投资人从事证券投资——无论是全权委托还是意思表示

---

① 参见李劲松、刘勇《智能投顾——开启财务管理新时代》，北京：机械工业出版社，2018，第 38~54 页。

智能投资顾问中的信义义务

明确、内容确定的委托。① 由此，在我国，智能投顾的本质归于投资咨询，非金融机构的智能投顾平台只能通过收取与投资咨询服务相匹配的费用和佣金来维持经营，在市场占有率小、获客成本高、融资难、收益低的环境下生存，最终倒逼部分平台运营者开始绕开牌照的限制将客户引流至第三方基金销售平台，② 将算法预设为只推荐与其有利益关系的第三方提供的金融产品，并从中获取所谓的佣金、补偿、回扣等。

第二节 智能投顾的法律地位分析

智能投顾，作为投资者和市场之间的中介，直接或间接影响着投资者的决策，进而影响资本市场的发展。随着智能投顾在全球的资产管理规模（AUM）日渐增长、"千禧一代"对智能投顾的偏爱，对其进行监管成为金融市场监管的关键一环。提供投资建议或代表投资者执行投资决策的中介机构，以及从投资者那里吸收存款并作出独立投资决策的中介机构，在许多情况下，至少在英美法系下是受托人。③ 而在人机互动模式下，究竟是智能投顾平台本身应作为受托人承担信义义务，还是应揭开智能投顾的面纱，由背后的相关主体承担信义义务？明确智能投顾关系中的真正义务主体，是促进智能投顾发展与保障投资者合法权益间的平衡点。因此，明确智能投顾的法律地位，是正确界定智能投顾中信义义务主体的前提。

---

① 邢会强：《人工智能投资顾问在我国的法律界定——从"智能投顾"到"智能财顾"再到"智能顾投"》，《人工智能法学研究》，2018年第1期。
② 2017年4月13日，山西证监局发布智能投顾销售基金风险提示公告，认为目前市场上存在一种智能投顾销售基金模式，该运作模式主要有三类，一是完全模仿Wealthfront、Betterment等投资于ETF组合的公司，如弥财、财鲸等，受限于国内ETF的种类及数量，这两家公司均直接给客户匹配国外发达市场的ETF，以达到资本配置的目的；二是以基金作为构建投资组合的标的，实现对客户风险偏好的匹配，代表公司有理财魔方及钱景私人理财；三是对量化策略、投资名人的股票组合进行跟投，同时兼具论坛性质的在线投资交流平台，目前在国内投研圈的知名度及认可度较高，代表公司有雪球及金贝塔。参见中国证券监督管理委员会网站，http://www.csrc.gov.cn/pub/shanxi/xxfw/tzzsyd/jczs/201704/t20170413_315054.htm。
③ 邢会强：《金融机构的信义义务与适合性原则》，《人大法律评论》，2016年第3期。

第二章 揭开智能投顾的面纱：信义义务主体

一 人工智能自由意志悖论

智能投顾模式下，算法替代人工顾问直接向客户提供投资建议、推荐投资组合、执行交易指令。但智能投顾本身是否也像人工顾问一样对客户承担信义义务呢？这个问题将回归到人工智能是否具有自由意志、像人一样思考？纵观近代民法人格、主体理论，所谓人格或主体，仅限于生物学意义上的人，是具有自由意志和诉求能力的人，是能表达、主张权利并承担责任、义务的人。[①] 人工智能显然不具备理性思维和承担责任、义务的能力。近代，理性的内涵亦即人之自然本性，或人之区别于其他动物之特性，包括人之感觉、思维、情感和意志等多种形态之心理意识活动，可谓知世之论。[②] 关于主张权利、承担义务与责任之能力，从苏格拉底时代起，哲学家就一再论证人类具有认识自我之能力。笛卡儿"我思故我在"的思想更是进一步证明了人类可通过"思"来确证自我本质。这些能力成为人类能自行主张权利并承担责任、义务的原因。

反观人工智能，其并不具有这种自由意志。即使人工智能能够模仿人脑神经元刺激并进行信息传递，这种接受刺激、传递信息的"表意"行为也是基于人类编程的数据输出，不是人工智能的自知。因此，人工智能所谓的"类人思维""理性行为"是一种谬论。因为人工智能的"类人"性由人类赋予，即使人工智能出现超越人类的表现，也是在人类不断开发、更新算法的基础之上，在已设定的程序和模式之下的深度学习。至于"理性"，目前运用人工智能技术的智能机器人，尚不具备人类所拥有的情感，人工智能不具有人的属性，无法从"硅基"的人工智能演化为"碳基"的人类。马克思认为，"人的根本就是人本身"。[③] 人类通过百万年的自然进化，在自主实践中改造自然、取得历史功绩、开创人类文明，反观人工智能，从1950年

---

① 刘云生：《近代人格理论建构与人工智能民法定位》，《人工智能法学研究》，2018年第1期。
② 刘放桐：《超越近代哲学的视野》，《江苏社会科学》，2000年第6期。
③ 《马克思恩格斯选集》（第1卷），北京：人民出版社，2012，第10页。

起步至今，① 不过寥寥几十年，并且人工智能在发展的过程中没有留下任何痕迹表明人工智能像古罗马时期的奴隶一样，为了获得主体地位、改变自身命运而进行过主动斗争。但正是由于这些斗争的存在，人类将"人人应为主体人"的普遍应然性与自然法则转化为一种实然的结果，并更加证明人的主体地位需要通过人类主动争取，而非他人赋予。因此，人类主体地位的正当性，是由人类进化史上全人类与自然世界以及与自身不懈斗争、不断进取，对自然界取得日益强大的实践与改造能力，通过文明发展的历史事实自证的。② 唯物史观试图将其极简地概括为："劳动创造了人本身"③、"人是历史的产物"④、"人是全部人类活动和全部人类关系的本质、基础"⑤。因此，所谓的人工智能的自主能力，只是混淆了自动化决策与人类主体性之间的本质区别，仍不过是人类所创设与掌握的先进技术——算法的载体。

二 人工智能是否应当被赋予拟制人格

人工智能没有生物学意义上的人所具备的理性思维，不能等同于"人"而具有法律人格。但随着人工智能渗透经济生活的方方面面（特别是2010年11月7日，私人机器人帕罗在日本南投市取得"户籍"；2017年10月25日，Sophia取得了沙特阿拉伯首个机器人公民身份），人们不得不开始关注人工智能的"诉求"以及权利的享有、义务和责任的承担问题，并表达出对强人工智能时代到来的担忧。至此，国内有些学者开始主张应当打破民法自然人、法人二元民事主体资格的结构，将人工智能列为其他法律主体，赋予其法律人格。奥地利法学家汉斯·凯尔森有言："自然人作为义务与权利的

---

① 按照"人工智能之父"艾伦·图灵的定义：如果一台机器能够与人类展开对话（通过电传设备）而不能被辨别出其机器身份，那么称这台机器具有智能。
② 张力、陈鹏：《机器人"人格"理论批判与人工智能物的法律规制》，《学术界》，2018年第12期。
③ 《马克思恩格斯选集》（第3卷），北京：人民出版社，2012，第988页。
④ 〔德〕卡尔·雅斯贝尔斯：《当代的精神处境》，黄藿译，北京：生活·读书·新知三联书店，1992，第26页。
⑤ 马克思、恩格斯：《神圣家族，或对批判的批判所做的批判》，北京：人民出版社，1958，第118页。

第二章　揭开智能投顾的面纱：信义义务主体

主体并非因其行为是这些义务与权利的客体的那个人，自然人仅仅是这些义务与权利的人格化。更准确地讲，自然人是这些法律规范的人格化，这些法律规范由于构成了包含这同一个人行为的义务与权利而调整着这个人的行为。"[1] 从这个层面上讲，从现实中的人到法律上的人，其实是法律抽象的结果。法人制度就是运用这种抽象法律技术的结果。由于团体内部的各个主体在行使权利时比较分散，法律不能对各分散的权利进行规制。于是需要法律将各个权利集合为独立的主体，法人人格由此产生。从这个角度上讲，法人是法律的产物。[2]

能否基于对人工智能行为后果的规制等需要，按照法人人格拟制的原理，赋予人工智能拟制人格呢？笔者认为，组织体之所以能够通过拟制人格而成为法人，其根本原因是组织体本身是自然人的目的性集合，或目的性财产的集合。但智能机器人既不来源于也不服务于人类个体结社自由（社团）或目的性捐赠自由（财团），缺乏组织体的事实基础，故也就没有拟制技术适用的价值前提——为人类服务，不符合"拟制说"基本适用要求。[3] 此外，强人工智能也不能成为赋予人工智能以法律主体资格的理论支撑，因为包括实证法在内的任何人类现实规则，皆只能针对现实世界已经发生或按客观规律将在未来必然发生的事实，而不能对诸如超人工时代的"乌托邦"立法。因此，人工智能实无赋予拟制人格的可能性和必要性。

（一）道德伦理对人工智能拟制人格的冲击

法律主体的概念及范围具有历史相对性。古罗马时期的奴隶不是法律主体，因为在那个时期，奴隶既无婚姻资格，也无交易资格，他不是主体，而是权利标的。[4] 回溯古罗马时期，法律人格与自然人分离，源于社会还不具

---

[1] 〔奥〕汉斯·凯尔森：《法与国家的一般理论》，沈宗灵译，北京：中国大百科全书出版社，1996，第107页。
[2] 施天涛：《公司法论》（第3版），北京：法律出版社，2006，第5~7页。
[3] 张力、陈鹏：《机器人"人格"理论评判与人工智能物的法律规制》，《学术界》，2018年第12期。
[4] 〔意〕彼德罗·彭梵得：《罗马法教科书》，黄风译，北京：中国政法大学出版社，1992，第32页。

备建立于个体主义观念基础上的权利观和平等观。① 直至近代,人的尊严与道德品性得以彰显,人的共性与类似性得以体现,主观权利的存在基础得以奠定,自然人才全部升位为法律主体。② 由是,法律主体资格可以理解为一种道德性权利的赋予,并且这种权利的生成依赖社会全体的心理共识,最终凝结成"权利意识"。③ 回归到人工智能本身,人工智能也许开始具备一些"类人性",但这种表象上的"像人"并不足以支持社会全体达成道德性的共识,愿意接受人工智能是"人"。"目的是全部法律的创造者",④ 每条法律规则的创设都源于一种目的、一种事实。而我们目前定义人工智能所使用的最广泛接受的方法,仍然是关注机器能否实现(人类)特定的目标,⑤ 不是如何让人工智能与人平等地进行社会经济活动。工具化的定位意味着类似首个获得沙特阿拉伯机器人公民身份的Sophia,不仅会引起人类的不安,甚至会被社会所"厌恶"。

(二)人工智能的责任承担问题

法律主体制度,除主体资格确认、权利享有与义务承担内容外,还包括责任承担问题。享有拟制人格的法人,承担责任的前提和基础是具有独立的财产,这也是理论与实践中判断法人人格是否独立、是否应当刺破公司面纱的核心因素。⑥ 反观人工智能,赋予其拟制人格除受到道德伦理的冲击外,责任承担也是人工智能获得拟制人格的障碍。

工具化定位的人工智能,是否能够拥有独立的财产对其行为后果承担责

---

① 参见王恒《罗马法中的人格:法律主体资格抑或权利主体资格》,《西南科技大学学报》(哲学社会科学版),2011年第1期。
② 参见胡玉鸿《法律主体概念及其特性》,《法学研究》,2008年第3期。
③ 参见吴习彧《论人工智能的法律主体资格》,《浙江社会科学》,2018年第6期。
④ 〔德〕阿图尔·考夫曼、〔德〕温弗里德·哈斯默尔主编《当代法哲学和法律理论导论》,郑永流译,北京:法律出版社,2002,第166页。
⑤ M. U. Scherer, "Regulating Artificial Intelli-gence Systems: Risks, Challenges, Competencies, and Strate-gies," *Harvard Journal of Law & Technology*, Vol. 29, (2015).
⑥ 参见《最高人民法院关于印发〈全国法院民商事审判工作会议纪要〉的通知》第10条:"认定公司人格与股东人格是否存在混同,最根本的判断标准是公司是否具有独立意思和独立财产,最主要的表现是公司的财产与股东的财产是否混同且无法区分。"

第二章 揭开智能投顾的面纱：信义义务主体

任呢？法人的意志由法人机关代表法人作出，本质上是依靠自然人进行意思表示。但人工智能不同于法人具有集约化的意思能力，其"意志"实为通过算法而展示的人的指令，不是人工智能的独立意志。如果赋予人工智能以拟制人格，人工智能承担责任的独立财产又如何保障？目前，有学者主张可以通过设立类似于公司注册资本金的方式来解决人工智能的责任承担问题。但如前所述，人工智能在当下尚处于工具化的定位，在不具备类似于法人独立意志的情况下，人工智能实际遵循使用者、设计者的意思运行，面对算法"黑箱"太多未知的技术黑洞——人工智能的财产是否能完全独立于设计者、使用者，具备识别上的困难。即使是制度尚属完善的法人，法人财产与股东财产是否存在混同的情形在实践中往往都难以甄别，更何况工具化属性的人工智能。

三 智能投顾的客体法律地位分析

智能投顾——人工智能和大数据相结合的金融科技产物，根据已经设定的算法向客户推荐投资建议，似乎从表象上看智能投顾具备感知、判断能力，具备事实上的思维能力。但这种关于智能投顾具备或应当赋予人格的推断混淆了人之主体能力的本质与为人所创造工具的工作能力表象之间的区别。即便将法律规则编程在算法之中，智能投顾也无法理解法律规则的含义。

（一）人工智能的客体本质

在实证法模型中，由抽象法律凝练后所形成的法权结构的"客体"标准是：主体行为意志所作用的对象，包括物、行为、智力成果、人格利益等，并表现出客观性、可控性与有用性三个特质。[①] 关于人工智能，目前尚无统一的定义。2016年9月，美国计算机科学家、人工智能学科的奠基人之一尼尔斯·尼尔森（Nils J. Nillson）在美国斯坦福大学发布的题为《2030年的人工智能与人类生活》的报告中，虽然对人工智能作出了易被接受的定义，

---

① 〔日〕近江幸治：《民法讲义 I 民法总则》，渠涛等译，北京：北京大学出版社，2015，第139页。

智能投资顾问中的信义义务

"人工智能就是致力于让机器变得智能的活动，而智能就是使实体在其所处环境中具备可预见性的并且合理实现功能的能力"[①]。美国人工智能学会执行委员会前委员斯图尔特·罗素（Stuart J. Russell）将人工智能定义为"类人的行为、类人的思考、理性的思考、理性的行动"[②]。但这些定义严格来说，只是对人工智能技术目标的设定。就目前来看，人工智能的设计初衷仍是提高人在处理相关事务方面的效率和能力，是实现人类主体利益最大化、服从于人类发展、为人类所支配的客观存在，[③]而不是为了成为类人的存在，获得法律主体资格、实施法律行为、与其他法律主体间建立法律关系。人工智能作为新型科学技术，从科技的工具理性分析，是人类认识并改造客观世界的手段。[④]人工智能设计之初的这种效用性、服从性与可支配性，决定了人工智能在法权结构中的客体地位。

此外，以法权结构中的主体标准也可以反证人工智能的客体本质。马克思认为主体是人，人始终是主体，[⑤]具备两方面特性：一是人是自然存在的物，对于自然所赋予的——自然力、生命力等——作为天赋、才能和欲望存在于人身之上；二是人虽是最为肉体的、感性的、对象性的存在，但需自己之外的对象来表现和确证自己。[⑥]在马克思看来，人的主体性是因人可以通过对立存在来感知和确证自我，反观人工智能，却不具备马克思所阐述的关于主体所具备的两种特性。人工智能基于算法、大数据、互联网等方式，虽然开始有类人的行为，但这种通过计算机语言、在模式匹配与回溯过程中表达出来的一系列行为，无法与人类的感知和确证自我的行为相比拟，更无法

---

① 高芳：《斯坦福大学展望 2030 年的人工智能》，《科技中国》，2017 年第 1 期。
② 参见〔美〕罗素、〔美〕诺维格《人工智能：一种现代的方法》（第 3 版），殷建平、祝恩等译，北京：清华大学出版社，2013，第 3 页。
③ 参见张妮、杨遂全、蒲亦非《国外人工智能与法律研究进展述评》，《法律方法》，2014 年第 2 期。
④ 岳彩申、耿志强：《人工智能开发的法律规制对象、目标及措施》，《人工智能法学研究》，2018 年第 1 期。
⑤ 韩玉敏、韩莉：《关于主体、客体及其关系的辨析》，《河北师范大学学报》（社会科学版），1996 年第 3 期。
⑥ 《1844 年经济学哲学手稿》，北京：人民出版社，2000，第 105 页。

产生智力的升华与情感的表达。人工智能只能作为人类智慧的延伸，作为连接人类动机与目的的工具，作为提升人类能力、实现人类利益的客体。

（二）人工智能的"客体"地位有利于对算法"黑箱"的监管

人工智能，作为人类运用前沿科学技术的产物，其带来的效用本身尚处于探索与揭示过程中，其暗含的危险与危害因素同样需要人类不断地发现与克服。人工智能作为客体，监管机构可以通过要求研发者、使用者提供人工智能算法所依据的数据、关于建模数据的适当性、解释算法的预设结果、算法按照设计方式运行的证据等来对算法"黑箱"进行监管，完全、充分地洞悉与控制人工智能研发活动的全部。如果将人工智能定格为法律关系的主体，监管者对算法"黑箱"进行审查时是否会涉及侵犯人工智能"商业秘密"等一系列权利呢？法律主体资格的赋予，即会出现主体权利保护的问题。当人工智能在"主体化"外衣庇护之下，算法黑洞、技术风险等都将因为法律主体技术的排他力而逃脱法律规制。由是，人工智能主体化不仅没有产生实效，反而会严重放大人工智能的风险，不利于人为干预、预防人工智能的潜在风险。

第三节　智能投顾运营者信义义务主体的正当性

一　投资者与智能投顾运营者间法律关系辨析

智能投顾作为人工智能在金融领域的典型运用，只是改变了传统投资顾问的投资咨询方式，投资者与证券投资咨询机构间的基础法律关系并未发生实质性改变。[1]关于投资者与证券投资咨询机构或智能投顾运营者之间的法律关系，本书在第一章已就学界的三种观点进行简要梳理，包括信托关系说、证券投资咨询关系说以及委托代理关系说。其中，证券投资咨询关系，在民

---

[1] 参见赵吟、马汉洋《证券投资智能化冲击：信义义务的再认识》，《人工智能法学研究》，2019年第1期。

智能投资顾问中的信义义务

事法律关系中无法与基础分类相对应,与其说是一种法律关系的界定,不如说是投资者与证券投资咨询机构间一种证券业务类型的划分。而投资者与证券投资咨询机构或智能投顾运营者之间究竟属于信托关系还是委托代理关系,则需要就信托合同与委托合同之间的差异,并结合我国智能投顾业务模式以及《信托法》的相关规定来确定。

(一)信托合同与委托合同的异同

信托合同与委托合同,除都属于合同关系范畴外,其相同之处还可以从信托和委托的定义中寻找。信托,是指委托人为了受益人的利益,把自己的财产移转给受托人,由受托人对信托财产进行管理或处分,并将所获得的收益交给受益人的制度。[①] 所谓的委托,其本意是参与某事的人把手交到他人手里,也就是带有亲自要办理某事的含义。[②] 因此,从合同订立的基础来看,两者都是基于委托人对受托人的信任,委以受托人以特定事务;从合同订立的目的来看,两者都是委托他人代为从事特定的法律行为、处理特定的委托事务。事实上二者都是提供劳务的合同。[③] 此外,信托与委托的许多规则都是相通相似的,从某种角度而言,委托的范围可以宽泛到涵盖信托,信托属于一种特殊的委托。

信托与委托即便具有种种相似性,但两者毕竟分属于不同的法律关系。信托制度虽然在发展过程中受到委托制度的影响,但信托在制度体系上有自己独立的发展历史和特征。首先,信托合同更多存在于商事领域,委托合同更多的是订立于民事主体之间。虽然《民法总则》颁布后,民商合一的趋势更加明显,但商事审判思维的独特性,使得将合同区分为商事合同与民事合同仍有必要性。其次,信托合同中,根据《信托法》第2条关于信托的定义,受托人是以自己的名义代委托人行事;而委托合同中,除间接代理外,受托人

---

① Restatement of (Third) Trusts (2003) § 2.
② 〔德〕马克斯·卡泽尔、〔德〕罗尔夫·克努特尔:《罗马私法》,田士永译,北京:法律出版社,2018,第488页。
③ 参见费安玲主编《委托、赠与、行纪、居间合同实务》,北京:知识产权出版社,2005,第14页。

都是以委托人名义行事。最后，信托合同中，委托事项主要涉及信托财产的管理和处分；而委托合同的内容，可以涵盖社会生活的方方面面。

（二）投资咨询关系界定为信托法律关系存在的障碍

《信托法》于2001年在我国正式实施，不同于英美法系与大陆法系，信托制度系在几百年自由竞争中形成并通行于全球的正式制度，我国信托制度的设立存在基础理论研究薄弱的缺陷。[①] 英国作为信托制度的起源地，地产权和衡平法是信托制度的基础，而财产权利、财产管理和治理是信托制度不可分割的三个核心内容。[②] 由于信托制度运用的形式变化多端，即使在英国，也未就信托的定义形成一致意见。英国权威的信托法著作对信托给出的定义是："为一项衡平法义务，它约束一个人（称为受托人）为某些人（称为受益人，受托人可能是其中之一）的利益处分他所控制的财产（称为信托财产），任何一位受益人都可以强制实施这项义务。受托人的任何行为、疏忽如未得到信托文件或者法律授权或豁免，均构成违反信托。"[③] 由于在英美法系中，财产权利属于抽象物，是一束从时间、空间、救济方式、质地、权能等多维度进行分解和自由创设的权利，[④] 可以作为独立的标的物与实物分开转让，权利的流转可以脱离对实物的占有、使用、收益。对此，John Henry Merryman说得很生动："罗马法的所有权可以看做是一个盒子，这个盒子上写着所有权（Ownership）的名字。谁只要拥有这个盒子，他就是所有人（Owner）。在完全的无负担的所有权的情形，这个盒子包含使用权、占有权、收益权和转让权。所有人可以打开盒子，取出一项或几项权利转让给他人，但只要盒子还是他的，即使盒子已完全是空的，他也仍然享有所有权。与之相反，英美法中，没有盒子，只有不同系列的法定权益。无限嗣继承地产权（Fee Simple）是一个人所能获得的最大可能的权利束。当他将其中一项或几

[①] 张淳：《中国信托法特色论》，北京：法律出版社，2013，第20~32页。
[②] 汪其昌：《谈判力：信托制度的形成与应用》，上海：上海远东出版社，2012，第1页。
[③] 参见 David J. Hayton, *Law of Trusts and Trustees*, 15th edition, London: Butterworths, 1995, p. 4.
[④] 刘鸣炜：《信托制度的经济结构》，汪其昌译，上海：上海远东出版社，2015，第14页。

项权利转让给他人时,权利束的一部分就丧失了。"①

反观我国《信托法》第2条关于信托的定义,"本法所称信托,是指委托人基于对受托人的信任,将其财产权委托给受托人,由受托人按委托人的意愿以自己的名义,为受益人的利益或者特定目的,进行管理或者处分的行为",用语是"委托",而不是转移,究其原因,主要是《信托法》横跨《物权法》《合同法》的内容,可以说涉及每一部与财产管理有关的法律,而我国的《物权法》在制定上,采取的是大陆法系国家"一物一权"原则。由此,若将投资者与智能投顾运营者间的法律关系界定为信托关系,将存在以下障碍:根据我国现行《证券投资顾问业务暂行规定》,证券投资顾问业务,是证券投资咨询业务的一种基本形式,并且根据《证券、期货投资咨询管理暂行办法》的规定,证券投资咨询机构是不得接受客户委托从事证券买卖的,只包括投资分析、预测或者建议等服务。《关于规范金融机构资产管理业务的指导意见》虽然就金融机构运用人工智能技术开展资产管理业务予以肯定,但非金融机构类的智能投顾公司仍只能在传统投资顾问业务范围内提供投资咨询和建议。因此,在完全未放开非金融机构资产管理业务前,我国关于投资顾问业务范围的限定,因缺乏信托制度最核心的对信托财产进行管理和处分的要素,而不符合信托法律关系的基本特征。

(三)投资者与智能投顾运营者间的委托代理关系

关于投资者与智能投顾运营者间法律关系界定不清的原因,除了信托合同与委托合同之间存在相同之处外,还在于《信托法》关于信托定义用语的不完善。我国《信托法》第2条关于信托的定义,表述为委托人"将其财产权委托给受托人",不同于英国将信托定义为"财产权利的转移"。因此,在理论上,信托与委托分属不同的法律关系,但在实践中,一份合同如果使用了"委托"字样,此处的委托究竟属于委托代理中的委托还是信托关系中的委托,常常难以区分。仍以证券法范畴的全权委托以及资产管理业务为

---

① John Henry Merryman, "Ownership and Estate: Variations on a Theme By Lawson," *Tulance Law Review*, Vol. 48, 1973 – 1974, p. 927.

第二章 揭开智能投顾的面纱：信义义务主体

例，中国证监会对全权委托给出的定义为："证券交易中的全权委托是指委托人（投资者）将买卖证券的决定权全部交给证券公司或证券经纪人，由证券公司或证券经纪人决定买卖证券的品种、数量、价格和时机。"[①] 同时，关于资产管理业务，《关于规范金融机构资产管理业务的指导意见》规定为"银行、信托、证券、基金、期货、保险资产管理机构、金融资产投资公司等金融机构接受投资者委托，对受托的投资者财产进行投资和管理的金融服务"。无论是全权委托，还是资产管理业务，其定义使用的都为"委托"，且无法区分是信托中的委托还是委托代理中的委托。由是，当全权委托以及资产管理业务内容写入合同，却未明确合同为信托合同或委托合同时，合同主体间因信任而作出的"委托"行为究竟在合同主体间产生信托法律关系还是委托代理法律关系将难以区分。

笔者认为，结合我国目前关于投资顾问业务范围的限定来看，将投资者与智能投顾运营者之间界定为委托代理法律关系，理论上更具合理性，实践中更具可操作性，理由如下。

第一，信托在产生和发展中受委托代理制度的影响，在法律规则的设计上与委托代理的规则具有共通性，信托中的很多规则来源于合同法的规定。正因如此，有些国家在民法典中特别规定，委托合同的规则可准用于信托合同，如《土库曼斯坦民法典》在所有权的信托管理一节，直接规定："委托合同的相应规则适用于所有权信托人。"[②]我国《信托法》中虽然没有明确规定信托关系是否可以参照适用委托合同的规则，但信托合同属合同领域，《信托法》没有规定的内容，可以参照委托合同以及《合同法》总则的规定。

第二，委托所涉及的范围更广，从某种意义上来说，《合同法》与《信托法》间是一般法与特别法的关系，信托是一种特殊的委托。正如我妻荣教

[①] 郭锋等：《中华人民共和国证券法制度精义与条文评注》，北京：中国法制出版社，2020，第679页。

[②] 参见魏磊杰、朱淼、杨秋颜译《土库曼斯坦民法典》，厦门：厦门大学出版社，2016，第132页。

授所指出的,只要信赖他人,并将事务处理加以托付,委托合同就会渗透到其他合同之中,成为处理他人事务法律关系的通则。①

第三,我国《物权法》采用大陆法系"一物一权"原则,而起源于英国的信托制度,对实物与实物上的财产权利进行了区分,且财产权利可以作为独立的物单独转移所有权。因此,信托制度在适用中有种"油水分离"、淮橘为枳之感。② 同时,信义义务规则已经蔓延至公司、合同等领域,不再局限于信托关系之中,即使将投资者与智能投顾运营者之间认定为委托代理法律关系,信义义务规则同样可以适用。

二 智能投顾运营者作为责任主体的理论基础

关于智能投顾模式下的责任承担问题,当前学界主要主张以平台背后的自然人或机构作为义务主体,理论依据在于美国《统一计算机信息交易法案》(The Uniform Computer Information Transactions Act,以下简称《统一法案》)中关于"电子代理人"的长臂规则。实证研究将智能投顾定性为"运营商对外延伸获取信息的长臂",③ 且替代运营商分析判断,进而将"电子代理人"行为归责于使用者(运营商)的行为而不是被代理人的行为。④《统一法案》第一部分"一般规定"中,将"电子代理人"定义为"代表该某人对电子讯息或对方的行为采取行动或做出反应的人",并且,"电子代理人在做出此种行动或反应之时无须该人对该电子讯息或对方的行为进行审查或做出反应"。⑤ 有学者也直接将智能金融代理归入电子代理人的范畴。⑥ 按照电子代理人理论,智能投顾作为运营商的代理人,接受被代理人运营商的

---

① 〔日〕我妻荣:《债权各论》(中卷二),周江洪译,北京:中国法制出版社,2008,第134、136页。
② 参见刘鸣炜《信托制度的经济结构》,汪其昌译,上海:上海远东出版社,2015,第9页。
③ Samir Chopra, Laurence F. White, *A Legal Theory for Autonomous Artificial Agents*, Ann Arbor University of Michigan Press, 2011, p. 6.
④ 高丝敏:《智能投资顾问模式中的主体识别和义务设定》,《法学研究》,2018年第5期。
⑤ 参见高丝敏《智能投资顾问模式中的主体识别和义务设定》,《法学研究》,2018年第5期。
⑥ 参见 Mark MacCarthy, What Payment Intermediaries are Doing about Online Liability and Why It Matters, 25 Berkeley Tech. L. J. 1037 (2010).

第二章 揭开智能投顾的面纱：信义义务主体

委托，为与运营商建立委托代理关系的客户，按照运营者的指示提供专业服务。但适用电子代理人理论，又将回到智能投顾是否具备代理人资格的问题。如前所述，智能投顾不具备获得法律主体资格的要素，目前也没有赋予智能投顾拟制人格的必要，关于电子代理人中的"人"究竟属于拟制人格，还是为了应对电子智能服务法律关系不必要、不得已的特殊法律安排呢？如为特殊法律安排，就我国目前而言，尚无与美国《统一法案》相类似、相对应的法律规定，适用《统一法案》中的电子代理人规则会面临与之相关的配套规定缺失的困境。

实际上，要厘清智能投顾与运营者之间的关系，仍需从智能投顾的"工具属性"出发。按照目前对智能投顾"工具属性"的定位，运营者仍然是投资咨询法律关系中的受托人，投资者是委托人，智能投顾平台只是运营者为履行合同义务所使用的工具。在投资者运用智能投顾平台获取投资建议时，在没有人工参与的情况下，投资者与运营者之间存在委托代理关系，运营者作为受托人使用工具，智能投顾平台提供投资建议的行为模式，其本质与人工顾问使用智能投顾作为投资决策建议的辅助工具、由人工顾问直接向投资者提供投资建议并无区别，按照传统投资顾问的法律规定，投资顾问对投资者承担信义义务，同理，使用智能投顾的运营者也应承担信义义务。

三 运营者承担信义义务的必要性

智能投顾，从其运行方式来看，无非是通过算法、基于投资组合理论向投资者推荐符合其风险偏好的投资组合。从本质上来看，智能投顾是由算法代替人工顾问为投资者提供投资建议，而算法只是一种决策方法，"是包裹于数学外表之下的个人意见"，无法超越人类的偏见。[1] 而这种偏见，是基于平台运营者意愿的。

（一）业务牌照获取的需要

选择智能投顾的投资者，除少数机构投资者以外，还有资产余额少、投

---

[1] 高丝敏：《智能投资顾问模式中的主体识别和义务设定》，《法学研究》，2018年第5期。

资经验少的个人投资者。对于平台的选择，除根据品牌效应进行选择外，主要还是审查智能投顾运营者是否获得了相应的业务牌照。关于业务牌照的获取，智能投顾运营者需要按照中国证监会的要求提供相应资料以获得审批。因此，牌照的授予在性质上属于行政许可范畴，对于投资者而言，行政许可这种公权力的保障是对运营者产生信任的基础。但2014年后，中国证监会就未再单独核发"证券投资咨询业务资格证书"，具备证券投资咨询牌照的机构从2002年的154家减少为目前的79家。[①] 主要原因在于证券投资咨询牌照申请门槛低，证券投资咨询机构违规开展业务的情况层出不穷，如2020年2月东方财富旗下的上海东方财富证券研究所有限公司，就因未对部分投资者进行适当性评估并提出适当性匹配意见等原因，被上海证监局采取了责令改正的监督管理措施。[②] 在牌照停发的情况下，机构只能通过收购、合并有牌照的公司获取牌照。在牌照资源缺乏的情况下，对投资者而言，牌照的获取就是对资金安全的保障。因此，运营者业务牌照的获取，对投资者产生了信赖利益，投资者基于对运营者的信任，与其签订合同，并根据智能投顾平台提供的投资建议购买投资产品。

（二）约束运营者滥用算法控制力

智能投顾模式下，直接与客户接触的虽然是投顾平台，但与客户签订合同的仍然是智能投顾运营者。投资者基于对智能投顾平台的信任，与智能投顾运营者签订合同，根据平台推荐的投资组合购买投资产品，或者将资产全权委托给平台。投资者的这种信任，可以通过爱德曼智库部门（Edelman Data and Intelligence）的一项在线研究进行量化：在接受调查的人群中，有62%的人认为智能投顾能消除情绪对投资的影响，49%的人认为智能投顾能维持投资组合的多样性，46%的人相信智能投顾能提供更透明的投

[①] 参见中国证券业协会网站"投资咨询公司信息公示"，https://jg.sac.net.cn/pages/publicity/investment-list.html#，最后访问日期：2023年5月29日。

[②] 参见《关于对上海东方财富证券研究所有限公司采取责令改正监督管理措施的决定》（沪证监决〔2020〕28号），中国证监会上海监管局，http://www.csrc.gov.cn/shanghai/c103864/c1069028/content.shtml，最后访问日期：2023年5月29日。

第二章 揭开智能投顾的面纱：信义义务主体

资建议。[1] 行为科学研究表明，选择体系结构——人们做决定时所处的环境——可以对决策产生非常大的影响。智能投顾运营者对影响金融产品排序的关键算法有着至关重要的影响，如果算法设计偏向于某一供应商、中介机构销售的金融产品，智能投顾平台在将算法与消费者进行匹配时，会将与运营者有利益输送关系的金融产品排在推荐给消费者的投资组合之首或前列。由于个人投资者在投资经验、知识储备上远不及机构投资者，基于对平台提供的决策具有客观性的错误认知，选择购买平台推荐、排序在前的投资产品，但这种选择最终不一定符合投资者的最佳利益，还可能增加投资者的投资成本。在美国，有些被设计得很好的智能投顾平台，还可以通过分拆订单的形式多次获取佣金，或者为了牟取佣金收入而诱导客户进行不必要的证券买卖。运营者对关键算法的这种控制力，实质性影响着投资者投资决策的形成，应苛以信义义务，对这种控制力的运用进行约束。

（三）克服不完备契约对解决代理问题的局限

根据迈克尔·詹森（Michael Jensen）和威廉姆·麦克林（William Meckling）的阐述，一个人（委托人）指定、雇用另一人（代理人）为其提供服务，并授予代理人某些决策权，双方之间即产生"委托—代理"关系。在委托代理关系中，代理人与委托人的利益并不总能保持一致，代理人可能会因为追求自身利益最大化而偏离委托人的利益行事，造成委托人利益受损。这种代理人与委托人之间存在利益分歧，代理人可能实施机会主义行为的现象被称为"委托—代理"问题或"代理问题"。[2] 回归到投资者与智能投顾运营者基础法律关系来看，投资者与智能投顾运营者签订合同，由运营者开发的平台根据投资者画像的结果向投资者提供投资建议，投资者根据平台提供

---

[1] *Survey Finds Americans Like Robos-with a Human Touch*, NAPA (Nov. 6, 2018), https://www.na-net.org/news/managing-a-practice/industry-trends-and-research/survey-findsamericans-like-roboswith-a-human-touch/(citing RISE OF ROBO, supra note 12, at 5).

[2] 参见〔美〕迈克尔·詹森、〔美〕威廉姆·麦克林《企业理论：管理者行为、代理费用与产权结构》，刘瑞中等译，载盛洪主编《现代制度经济学》（上下），北京：北京大学出版社，2003，第175页。

智能投资顾问中的信义义务

的投资建议购买投资产品，平台向投资者提供服务相应收取佣金或费用。虽然可以通过合同的形式对运营者的行为标准苛以细致的约定，但这种完备契约的实现需要高昂的成本，并且实际上难以实现。如果投资者需要耗费大量的时间对智能投顾平台进行完整的调查、研究，通过智能投顾进行投资理财，也达不到低成本的预期。同时，智能投顾的受众群体多为资产余额少、投资经验不足的个人投资者，与智能投顾运营者相比，存在严重的信息不对称，运营者在契约的设计上可以通过隐晦的条款损害投资者利益。据调查，一些智能投顾平台在合同的设计上存在误导投资者的情形。一些智能投顾平台抓住有些投资者贪图蝇利的心理，对外宣称平台免费或以很低价格为投资者提供投资咨询服务，但在签订协议时拟定了类似"客户理解并同意智能投顾、智能投顾公司、其附属公司及其代表、顾问或其他与各自服务行为有关的代理人，有权分享该项目所获得的费用或收入"的内容。虽然从形式上看，智能投顾公司没有向投资者收费，或收取很低的费用，但实质上智能投顾公司会从客户最终购买产品和服务的供应商处得到报酬。这种获得报酬的方式包括：客户根据智能投顾的推荐或建议以更高费用向智能投顾下属和非下属的经纪自营商购买投资产品和服务，智能投顾从经纪费、交易费和其他费用中直接或间接获得报酬。即使智能投顾平台采用只收取单一的"全包费"或"打包费"模式，客户可能不会为证券交易支付单独的费用，智能投顾也可能会从客户投资的产品中获得收入分成。此外，通过智能投顾进行投资的用户也会被收取嵌入费用，因为智能投顾平台为客户购买的投资产品的费用包含了客户需承担的共同基金顾问费、经纪费以及其他费用。

对于智能投顾运营者滥用权利的行为，投资者权益救济的途径是：如果合同条款存在不当加重投资者义务的，可以在未经特别提示的情况下认定无效，但如果属于滥用控制力的行为，通常很难举证，也难以将运营者的滥用行为与合同条款相对应，无法通过合同条款的适用来追究运营者责任。因此，苛以智能投顾运营者信义义务，将信义义务规则作为缺省条款置入合同，可以对智能投顾运营者的不当行为形成威慑，使运营者更加合理、谨慎行事，缓解不完备契约情形下的代理问题。

第四节　智能投顾中的其他信义义务主体

一　智能投顾中的人工顾问

智能投顾作为决策支持工具，客观上不能脱离人的因素。"科技为投资带来的便捷，如果让投资者作出了错误的决策或者没有给予投资者充足的决策时间，则这种便捷性对投资者而言是不利的"。[1] 爱德曼智库部门的研究结果显示，大多数的投资者希望智能投顾领域有一次革新——智能投顾在提供数字化建议时能有更多与人工进行互动的机会，其中，71%的人希望智能投顾更接近人工顾问，并且在这些人中有近一半人（45%）目前没有选择智能投顾，但如果智能投顾能快速、容易获得人力支持的话，他们很乐意选择智能投顾。此外，接受调查的不同年龄的投资者中有超过50%的人希望智能投顾引入人工参与——在"千禧一代"中比例为79%，"X世代"的比例为73%，美国第一次婴儿潮一代的比例为64%。

确实，人机互动的智能投顾模式已经成为一种趋势，是投资咨询和智能投顾平台合作的未来，因为智能投顾的这种"混合模式"从投资咨询角度来看，可以在降低成本、提高效率的同时，保持投资咨询的客户关系；从智能投顾的角度来看，混合模式将提供更个性化的建议，适应客户生活中的变化，并允许进行积极的投资组合管理；从市场发展的角度来看，采用混合模式的智能投顾在消除人工顾问决策的偏见时保留适当的人工干预，及时调整智能投顾可能带来的系统性风险。由是，智能投顾模式下人工顾问是否负有信义义务成为一个不可回避的问题。

关于人机互动模式，大致分为两类：一是智能投顾作为投资顾问的辅助工具，由投资顾问直接面向客户提供投资建议；二是由智能投顾直接面向客

---

[1] Andrea L. Seidt, et al., "Paying Attention to that Man Behind the Curtain: State Securities Regulators' Early Conversations with Robo-advisors," *University of Toledo Law Review*, Vol. 50, Issue 3 (Spring 2019), p. 501.

智能投资顾问中的信义义务

户提供投资建议，人工顾问予以辅助。在第一种模式之下，智能投顾只是作为投资顾问提供投资建议的辅助性工具，虽然使用了金融科技，但并未改变传统投资咨询法律关系，人类投资顾问按照现行法律规定承担信义义务。而本书需要研究的人工顾问，着重于第二种人机互动模式，即在人工顾问未直接与客户接触的情况下是否承担信义义务。笔者认为，人工顾问虽然没有直接以自己的名义向客户提供建议，但人工顾问通过与客户的沟通确实可以对客户的选择产生实质性的影响，需要像传统投资顾问一样对客户承担信义义务。

二 智能投顾平台的研发人员

基于激励机制的影响，大多数传统投资顾问的工作重点是将客户与能够产生佣金和费用的投资产品相匹配，而非指导客户进行财富规划。但对于投资者而言，指导比产品匹配更重要。投资者根据智能投顾的提示完成调查问卷，智能投顾平台根据客户输入的内容依据算法很容易实现客户与产品的匹配，但资金的长期规划以及持续的后续服务，需要不断更新算法，提高深度学习能力。因此，智能投顾平台的研发实际上涉及三类主体：交易模型的提供者、算法研发者、算法的调试和维护人员。

（一）交易模型的提供者

1. 交易模型提供者对投资者的控制力

智能投顾平台的研发通常外包给第三方进行，但第三方设计、研发的算法需要以智能投顾公司内部专业人员提供的交易模型为基础。简单来说，智能投顾平台的研发需经历建模、算法程序设计两个过程。程序设计者（技术人员）不过是利用技术把前置了的"受托咨询"行为转化为算法。算法作为投资咨询过程中公式或规则的表述，关键算法的编程将影响推荐给投资者的金融产品的排序。[1] 如果智能投顾的关键算法所依赖的模型、参数存在偏见，则智能投顾在运用算法将投资者与产品进行匹配时，会将消费者优先匹配给与运营者有利益关系的第三方所提供的金融产品，而非基于投资者最佳

---

[1] 〔美〕塞奇威克、〔美〕韦恩：《算法》，谢路云译，北京：人民邮电出版社，2012。

利益进行产品匹配。投资者会在智能投顾平台推荐的产品中进行选择，或将智能投顾平台的投资建议作为重要参考，虽然平台推荐的金融产品的风险等级形式上与投资者风险偏好相匹配，但金融产品呈现的风险等级有可能在算法评估过程中便被篡改，使高风险的金融产品表现出低风险的特征；甚至有的算法在设计时，模型的提供者会篡改某些参数，使设计出的算法偏向于推荐会增加投资者投资成本的金融产品，而投资者对于投资成本的增加，若非具备足够的投资经验，是很难发现的，即使发现也很难举证。

2. 交易模型提供者承担信义义务的必要性分析

程序研发人员通常只具备技术技能，研发的算法程序想要实现千人千面的投资组合建议以及资产再平衡功能，则需要在设计前端，由智能投顾平台内部的金融专业人员将投资者和资本市场特征的基本重要参数、资产配置逻辑、风险对冲目标等进行设定、建模。① 因此，交易模型的建立，除需要金融专业人员的专业判断外，职业伦理以及利益平衡也需考虑在内。如果金融专业人员在输入重要参数时，偏向于引导投资者购买与智能投顾公司有利益输送的公司开发的金融产品，那么基于此交易模型研发的算法也不具有中立性。由是，交易模型的提供者虽然不直接与客户接触，既非与投资者直接建立委托关系的受托人，也非直接向投资者提供投资建议的人工顾问，但其在建模之初的行为确实会对投资者最终的投资行为产生实质影响，并且这种行为是无法通过合同进行约束的，也很难通过投资者的举证来证明。故在智能投顾模式中，交易模型的提供者是适格的信义义务主体，应当受信义义务的约束。

（二）算法程序的研发者

算法程序是基于一组预定的参数、逻辑规则和条件，使用可编程逻辑、系统生产信息的（而不是人为生成的）自动策略。② 由于算法程序的提供者从智能投顾公司收取报酬，按照智能投顾运营者的要求设计、研发智能投顾

---

① 参见高丝敏《智能投资顾问模式中的主体识别和义务设定》，《法学研究》，2018 年第 5 期。
② 参见 Australian Securities & Investments Commission Regulatory Guide 241. 19。

智能投资顾问中的信义义务

平台，依据智能投顾公司内部的金融专业人员提供的交易模型进行编程，因此算法的编程行为是中立的、客观的。即使算法程序本身存在缺陷导致投资者受损，投资者也只可以要求智能投顾运营者、研发者承担产品质量缺陷赔偿责任，而无需对不实质接触投资者、不对投资者享有实际控制权的算法研发者苛以信义义务。毕竟程序的研发者只是将受托咨询行为编程为算法，即使存在算法歧视问题，也是算法设计前置化程序——交易模型建立过程中有人为偏见。

（三）算法的调试和维护人员

算法程序的开发并不是一劳永逸的，算法随着金融市场的变化需要随时调整。这就需要智能投顾公司内部有技术支持团队，对算法进行调试和维护。在澳大利亚，智能投顾持牌人应遵循的义务之一就是：智能投顾被许可人应确保业务人员中至少有一位了解用于提供数字建议的技术和算法基本原理、风险和规则的人，[1] 至少有一位有能力检查数字建议的人，[2] 定期检查算法生成的数字建议"质量"。[3] 算法的调试和维护，在算法程序开发完成之后进行，属于公司内部合规管理工作的一部分。由于算法的调试和维护人员只从技术角度检验算法程序是否存在漏洞，不会对投资者的投资决策行为产生实质上的"控制力"，因此，算法的调试和维护人员对投资者不负有信义义务。若因算法调试和维护人员的工作过失、技术能力不足导致智能投顾平台在提供投资建议过程中出现技术故障，引发投资者权益受损，投资者可以依据委托合同要求运营者承担赔偿责任。因为对平台技术人员的选任、对合规制度的制定，都属于运营者保障投资者权益应履行的合同义务，也是监管机构对智能投顾运营者准入设置的硬性要求。

---

[1] 参见 Australian Securities & Investments Commission Regulatory Guide 255: Providing Digital Financial Product Advice to Retail Clients, RG255.61 (a)。
[2] 参见 Australian Securities & Investments Commission Regulatory Guide 255.61 (b)。
[3] 参见 Australian Securities & Investments Commission Regulatory Guide 255.64。

第三章　智能投顾中信义义务的标准

第一节　明确智能投顾中信义义务标准的理论基础

一　明确智能投顾信义义务标准的正当性

（一）基于法经济学收益—成本视角分析

法经济学又称为"法律的经济分析"或"法律与经济学"，关于法经济学的研究主要存在两种视角：一是法学视角，该视角认为法经济学即用经济学的研究方法来研究法律；二是经济学视角，该视角认为法经济学扩大了经济学的研究范围，其将法律规范等社会问题纳入经济学研究范围并进行解释。法经济学认为，一切的法律活动，立法、执法、司法、守法、法律监督等整个法治体系，具有分配社会利益的作用。因此，一切法律活动均可通过经济学的分析方法进行分析。法律具有分配社会利益的作用，社会利益属于稀缺的资源，无法被社会成员同等地拥有。因此，任何法律都必须依照一定的原则和要求，并通过一定的程序和方法对社会利益进行分配。法律对利益的分配，确认了利益个体或利益集团的利益份额和获得方式，可以防止由于利益分配的不确定性带来的社会冲突和社会矛盾。[1] 在智能投顾信义义务中，构建智能投顾信义义务标准具有重要价值，从收益—成本视角来看，其价值主要体现在以下方面。

1. 明确智能投顾信义义务标准，可以有效降低监管机构对智能投顾监管的成本

从监管角度对智能投顾信义义务进行分析，智能投顾法律规制的核心是

---

[1]　付子堂主编《法理学初阶》（第5版），北京：法律出版社，2015，第100页。

智能投资顾问中的信义义务

确保智能投顾向投资者履行信义义务。[1] 首先，立法具有指引作用，通过立法方式明确规定智能投顾的信义义务，可以让投资者、运营者有个明确的经营规则，可以有效指引智能投顾运营者合法合规地开展经营。相反，若没有对智能投顾信义义务标准进行明确规定，则可能导致不同的运营者采取不同的信义义务标准，不利于智能投顾行业的健康发展。其次，明确智能投顾信义义务标准，可以有效地对智能投顾运营者起到一定的威慑作用，从而对智能投顾运营者起到督促作用。细化智能投顾信义义务的标准，提高智能投顾信义义务标准的可操作性，让智能投顾运营者承担信义义务，要求其依照具体的标准进行经营，并且明确规定智能投顾运营者未依照信义义务标准从事经营活动的承担相应的民事责任、行政责任，构成犯罪的承担刑事责任，以此可以对智能投顾运营者起到有效的威慑作用。最后，法律具有预测作用。法律的预测作用是指人们可以根据法律规范预测人们相互之间将会怎样行为以及行为的法律后果。法律的预测作用可以使人们在法律的范围内，合理安排自己的生活，防止不可预见后果的出现。[2] 在智能投顾运营者信义义务监管中，通过立法明确智能投顾信义义务标准可以给智能投顾运营者提供一种明确的行为模式，可以促使智能投顾运营者的经营行为符合规定。智能投顾运营者的行为符合信义义务标准的，法律将予以肯定并对其经营行为加以保护；智能投顾运营者的行为不符合信义义务标准的，法律将处以相应的惩罚。规定智能投顾信义义务标准，可以使智能投顾运营者预测自己的经营行为将会产生何种法律后果，并积极督促其履行信义义务。因此，明确智能投顾信义义务标准，可以有效发挥信义义务标准的预测、威慑作用，加强智能投顾运营者信义义务履行的事前监管，从而降低对智能投顾运营者信义义务履行的监管成本。

---

[1] John Lightbourne, "Algorithms & Fiduciaries: Existing and Proposed Regulatory Approaches to Artificially Intelligent Financial Planners," *Duke Law Journal*, Vol. 67, Issue 3 (December 2017), p. 653.

[2] 付子堂主编《法理学初阶》（第5版），北京：法律出版社，2015，第99页。

第三章 智能投顾中信义义务的标准

2. 明确智能投顾信义义务标准可以有效提高投资者监督的积极性,降低交易费用

在智能投顾模式中,智能投顾对于投资者而言属于"科技黑箱",从而导致投资者无法对智能投顾运营者进行有效的监管,只能被动接受智能投顾的投资建议。投资者与智能投顾运营者之间事实上处于不平等地位,二者之间存在严重的信息不对称问题,明确智能投顾信义义务标准可以给智能投顾运营者一个明确的经营行为标准,同时投资者也可以参照该标准审视智能投顾运营者是否履行了信义义务,从而提高投资者的监督能力和积极性,降低政府监管成本。此外,明确智能投顾信义义务标准可以有效督促智能投顾运营者及时、全面、准确履行信息披露义务及忠实义务和注意义务,从而有效节省投资者与智能投顾运营者之间的磋商成本。[1] 同时,在智能投顾从事资产管理业务中,明确智能投顾信义义务标准,有利于提高金融资产的配置效率,提高金融市场总体价值。[2]

3. 明确智能投顾信义义务标准可以为制定智能投顾事后监管标准提供参考

我国智能投顾行业的发展尚处于初级阶段,尚未形成统一的法律监管规则。通过科学立法做到有法可依是全面推进依法治国的前提和基础,在智能投顾监管中,完善的监管法律体系是实现智能投顾有效监管的前提。在我国尚未形成统一的智能投顾监管法律体系的情况下,可以先进行局部立法,监管部门对智能投顾中的信义义务制定统一标准,作为规制智能投顾运营者经营行为的临时性规范,待智能投顾发展成熟,将智能投顾运营者信义义务标准上升为法律,完善立法的同时可以有效节约立法成本。

综上所述,从经济学收益—成本视角分析,构建智能投顾运营者信义义务标准,可以降低政府监管成本,降低交易费用,提高智能投顾市场的整体

---

[1] Frank H. Eosterbrook, Daniel R. Fischel, "Contract and Fiduciary Duty," *Journal of Law and Economics*, Vol. 36, Issue 1 (1993), pp. 425-446.
[2] 汪其昌:《信义关系:金融服务者与金融消费者关系的另一视角》,《上海经济研究》,2011年第6期。

价值。

（二）基于法社会学的分析

法社会学是研究法律与社会关系的学科，西方国家将之称为"法律与社会"或"法学与社会科学"。法社会学是通过社会学的研究方法来探究法律的应用，以实现法律对社会的最佳调整。社会是由各种相互联系、相互作用的因素所构成的一个整体，其中包括一国的政治、经济、文化等多方面要素。在社会这个复杂的系统中，各个要素都是紧密相连的，每个要素之间具有牵一发而动全身的特征，社会中任何一个要素的变化都会影响到其他要素。[①] 金融市场作为我国市场经济的重要组成部分，智能投顾作为我国金融市场的创新发展模式，对推动我国金融市场投资、融资，促进资金科学有效配置具有重要价值。智能投顾作为金融创新具有两面性，在促进金融发展的同时存在较大的风险，需要法律加以规制，明确智能投顾运营者的信义义务标准，促进智能投顾行业健康、规范发展。从法社会学角度分析，明确智能投顾运营者信义义务标准具有以下价值。

1. 明确智能投顾信义义务标准，可以有效降低智能投顾运营的社会成本，并且符合各社会参与方的利益诉求

在智能投顾业务中，智能投顾运营者掌握着丰富的投资信息，并且其工作人员均具有专业的投资理财知识，对金融市场具有敏锐的观察力，在金融市场中处于优势地位。然而，由于我国金融市场发展不是太成熟，投资者教育不足且以中小投资者为主，呈现"散"而"小"的特征。投资者缺乏足够的理财知识，对金融市场的发展趋势缺乏敏锐度，因此才委托智能投顾运营者为其提供投资咨询服务，投资者在智能投顾业务模式中处于弱势地位。投资者与智能投顾运营者的这种形式平等而实质不平等的地位，导致智能投顾运营者可能为了自身利益从事损害投资者利益的行为，加之我国中小投资者维权意识和维权能力的不足，难以通过与智能投顾运

[①] 付子堂主编《法理学进阶》（第5版），北京：法律出版社，2015，第225页。

营者协商来维护自身合法权益。① 实现社会正义是法社会学要追求的目标之一，实现金融市场秩序的正义亦是法社会学对金融市场的基本要求。为了实现投资者与智能投顾运营者二者之间的实质正义，需要构建智能投顾运营者信义义务的统一标准，以更加明确、具体的标准来要求智能投顾运营者履行信义义务，实现对投资者合法权益的保护，实现金融市场秩序的正义。此外，明确规定智能投顾信义义务标准，可以督促智能投顾运营者全面履行信义义务，降低金融风险，同时统一智能投顾运营者信义义务标准可以减少智能投顾运营者信义义务履行的模糊性，减少投资者与智能投顾运营者之间不必要的纷争，提高投资者对智能投顾运营者的信任度。② 因此，明确规定智能投顾信义义务标准是金融市场各方参与者的共同意愿，并且可以有效降低社会成本。

2. 明确智能投顾信义义务标准是保护投资者合法权益、防范金融风险的重要途径

在金融市场的监管中，保护投资者的合法权益、守住金融安全底线、防范系统性金融风险是监管部门的基本职责。同样，在智能投顾中，投资者与智能投顾运营者处于实质不平等地位，为了防止智能投顾运营者违反信义义务损害投资者利益，需合理规制智能投顾运营者的经营行为。以美国为例，美国对智能投顾的监管并非起初便一帆风顺，从一开始只按照《1940年投资顾问法》对传统投资顾问进行监管，到后期美国劳工部（DOL）以及美国FINRA开始不断发布监管规则对智能投顾的监管进行修正，最后美国SEC专门针对智能投顾发布了一项监管法规，智能投顾的监管规则才得以不断完善。可以说，为了保护投资者利益，美国监管机构制定了众多法律对金融市场进行监管。由于投资者的长期财富管理依赖其财务顾问的专业知识和专业

---

① Tamar Frankel, *Fiduciary Law*, London: Oxford University Press, 2011.
② James S. Worona, "The Best of both Worlds: A Fact-based Analysis of the Legal Obligations of Investment Advisers and Broker-dealers and a Framework for Enhanced Investor Protection," *The Business Lawyer*, Vol. 46, Issue 3 (2012).

智能投资顾问中的信义义务

精神，这种信义义务为投资者提供了更高的保护。[①] 此外，随着金融市场刚性兑付的打破，更有必要明确智能投顾的信义义务标准。因为，若不对智能投顾信义义务提出明确的标准，则智能投顾信义义务将处于模糊地带，法律的模糊性一方面不利于智能投顾运营者全面、准确地履行信义义务，另一方面不利于监管部门对智能投顾的监管。在这种情况之下，智能投顾运营者可以游走于法律监管的灰色地带，为了自身利益从事自我交易、关联交易，损害投资者的合法权益，减损投资者对智能投顾的信任，进而引发信任危机，阻碍智能投顾行业的健康可持续发展。依法行政要求行政机关在执法过程中严格依照法律的规定行事，并对因违反法律规定所造成的后果承担相应的法律责任。政府监管部门依法对智能投顾进行监管是其依法行政的重要体现，监管部门对智能投顾依法监管是贯彻中央"重大改革都要于法有据"的要求，亦是我国社会主义市场经济体制对政府参与市场治理的要求。但监管部门对智能投顾的依法监管需要以有法可依作为前提。在智能投顾模式下，信义义务本身具有较强的原则性、概括性和拓展性，其内涵和外延之宽泛给监管机构留下了较大的解释空间，在适用上具有较强的灵活性。[②] 但信义义务概括性、原则性的特征也是一把双刃剑，一方面有利于监管机构根据智能投顾的特殊情形灵活对其进行监管，另一方面法的不确定性又极易产生权力寻租的负面影响。因此，明确智能投顾信义义务标准，有利于监管部门对智能投顾运营者进行监管，提高监管的科学性，确保监管的统一性，避免不法智能投顾运营者规避法律漏洞逃避监管，防范系统性金融风险。

二 明确智能投顾信义义务标准的必要性

智能投顾运营者与投资者之间存在较强的信任关系，投资者凭借对智能

[①] Bret E. Strzelczyk, "Rise of the Machines: The Legal Implications for Investor Protection with the Rise of Robo-advisors," *DePaul Business & Commercial Law Journal*, Vol. 16, Issue 1 (2017), p. 56.

[②] Robert H. Sitkoff, "The Economic Structure of Fiduciary Law," *Boston University Law Review*, Vol. 1044, Issue 1 (2011).

投顾运营者的信任委托其提供投资咨询服务,智能投顾运营者应积极履行对投资者的信义义务。但信义义务具有抽象性和原则性,智能投顾运营者如何履行注意义务?如何履行忠实义务?如何做才算全面、充分地履行了勤勉、忠实义务?若仅规定智能投顾运营者勤勉尽责、忠诚履职的义务,但未对信义义务的具体内涵进行明确界定,并且未对信义义务的履行提供统一的标准作为参考,则智能投顾运营者无法准确判断自己的行为是否履行了信义义务。同时,信义义务标准的不明确也会导致监管部门无法评判智能投顾运营者是否违反信义义务,无法对智能投顾运营者进行统一监管。因此,有必要明确智能投顾信义义务的标准。此外,构建智能投顾信义义务标准具有以下意义。

1. 明确智能投顾信义义务标准是降低代理成本的需要

在智能投顾模式中,智能投顾运营者接受投资者的委托,凭借丰富的投资经验、专业技术等优势资源为投资者提供专业的投资建议。在投资者与智能投顾运营者的关系中,投资者利益的实现依赖智能投顾运营者的行为,更具体地讲,依赖智能投顾运营者对投资者履行信义义务的情况。在智能投顾模式中,投资者依靠智能投顾运营者的力量来实现财富的保值增值,投资者与智能投顾运营者之间建立了一种特殊的委托—代理关系。在智能投顾模式中,督促和激励智能投顾运营者发挥自身优势,勤勉尽责、忠实地为了委托人的利益行事,是对智能投顾监管的关键。在实践中,因智能投顾运营者与投资者之间存在较为严重的信息不对称问题,智能投顾运营者存在自我交易、关联交易的动机,也会为了降低运营成本简化投资者画像流程,流程的形式化、投资者适当性调查不尽责,最终导致投资建议与投资者风险偏好、预期收益不匹配,增加投资者投资成本,损害投资者权益。为了确保智能投顾运营者勤勉尽责,投资者需要耗费大量的时间、精力、财力成本对智能投顾运营者的能力进行调查,不当增加了二者之间的代理成本,这与智能投顾低成本的特征不相匹配。为了降低投资者与智能投顾运营者之间的代理成本,单纯规定智能投顾运营者信义义务的方式是远远不够的,尚需明确智能投顾运营者信义义务的履行标准。在标准的指引下,可以明确告知智能投顾运营者应负的信义义务内容,为智能投顾运营者提供统一的行为标准,确保

智能投资顾问中的信义义务

智能投顾运营者履行信义义务符合法律规定。

2. 明确智能投顾信义义务标准是促使投资者利益最大化，保护投资者合法权益的需要

因智能投顾模式涉及众多利益群体，利益冲突的存在是智能投顾运营者承担信义义务的重要原因之一。在投资顾问领域，投资者需要按照投资顾问管理资产的规模或资产增值的一定比例向投资顾问支付佣金或费用，投资顾问为获取更高的利润，可能会将自身利益置于投资者利益之上。如果投资顾问的行为不符合投资者最佳利益，投资者可以根据相关法律规定认定投资顾问违反信义义务，并要求其赔偿损失。在智能投顾领域，投资者对智能投顾同样寄予了与传统投资顾问类似的期望，投资者也希望智能投顾能受到政府或监管机构的监管，并承担严格的信义义务，以确保智能投顾能够为了投资者最大利益行事。[①]

在智能投顾模式中，投资者与智能投顾运营者之间存在信义关系，这种信义关系并不是基于与其他信义关系的类比得出的，而是为了推动智能投顾健康规范发展、保护投资者利益而引入的。在智能投顾运营者与投资者之间存在着投资咨询服务合同，二者权利与义务由该合同约定，但智能投顾运营者在与投资者签约时，通常使用格式合同，并且在实践中，由于智能投顾运营者处于优势地位，投资者处于弱势地位，投资者对格式条款理解不充分的情况下，不当主动接受了格式条款的约定。此外，智能投顾运营者对智能投顾平台算法程序的决定权，导致其对智能投顾提供的投资建议具有支配和控制力，投资者基于对智能投顾运营者的信任选择接受投资建议。因此，无论是在合同的订立还是合同的履行过程中，投资者往往处于不利的地位。仅依据合同条款的规定是无法保护投资者合法权益的，必须引入信义义务。将信义义务引入智能投顾模式，只是在形式上对智能投顾运营者合同履行提出了更高的要求，仍不足以规制智能投顾运营者的行为，尚需进一步明确智能投

[①] Dominic Litz, "Risk, Reward, Robo-advisers: Are Automated Investment Platforms Acting in Your Best Interest?" *Journal of High Technology Law*, Vol. 18, Issue 2 (2018), pp. 369-375.

顾信义义务标准，提高对智能投顾运营者是否履行信义义务判断的可操作性。由是，建立智能投顾信义义务标准，可以为投资者监督智能投顾运营者勤勉尽责地为投资者利益最大化行事，也可以科学、准确地评判智能投顾运营者履行信义义务的情况，有效防止智能投顾运营者利用算法"黑箱"、利用投资者对智能投顾客观性的信任，损害投资者利益。

第二节　智能投顾信义义务标准构建的特殊性

新一轮的科技革命在金融领域的渗透所产生的金融新模式、新业态是一种颠覆性的创新，[1] 这种颠覆性的创新通常以破坏性的方式出现。[2] 智能投顾作为新一轮科技革命与金融深度融合的产物，正在以前所未有的速度改变着金融行业，并对传统的投资顾问产生巨大挑战。[3] 智能投顾引入人工智能等科技手段使其具有不同于传统投资顾问的特殊性，人工智能等新兴科技手段的引入改变了智能投顾的经营模式和服务方式，相对于传统的投资顾问而言其信义义务亦有所区别。此外，智能投顾服务模式多元，智能投顾半委托模式（仅提供投资顾问咨询服务并不接受客户委托代其理财）与智能投顾全委托模式（不仅为客户提供投资顾问咨询服务亦接受客户全权委托代其理财）亦存在较大差异。因此，智能投顾在新一轮科技革命的不断渗透之下，信义义务具有较强的特殊性。智能投顾的信义义务包括注意义务与忠实义务，在研究智能投顾信义义务标准前应充分分析智能投顾信义义务与其他义务的区别，并分析其与传统投资顾问信义义务的区别，以更科学地界定智能投顾信义义务的内涵。

---

[1] 杨东：《论金融领域的颠覆式创新与监管重构》，《人民论坛·学术前沿》，2016年第11期。
[2] Iris H-Y Chiu, "Fintech and Disruptive Business Models in Financial Products, Intermediation and Markets: Policy Implications for Financial Regulators," *Journal of Technology Law and Policy*, Issue 1 (2016), p. 56.
[3] Dirk A. Zetzsche, Ross P. Buckley, Douglas W. Arner, et al., "From Fintech to Techfin: The Regulatory Challenges of Data-driven Finance," *New York University Journal of Law and Business*, Issue 2 (2018), p. 393.

一 智能投顾信义义务与合同义务的辨析

在智能投顾业务中,投资者与智能投顾运营者之间通过签订投资顾问合同产生了合同法律关系,投资顾问合同是双务合同,投资者依据合同负有向智能投顾运营者支付服务费的义务,智能投顾运营者依据合同负有向投资者提供投资咨询服务的义务。但智能投顾模式中的合同义务与信义义务具有较大差异。一是性质不同,信义义务是法定义务,合同义务是约定义务。信义义务"fiduciary duty"本质上是基于一方对另一方的信赖利益关系而产生的,并不是基于合同约定而产生的。在智能投顾业务中,智能投顾运营者具有较强的专业知识和投资经验,投资者基于对智能投顾的信赖委托其提供投资咨询服务,智能投顾运营者对投资者委托的事项具有一定的自由裁量权,为确保智能投顾运营者勤勉尽责并将投资者利益作为一切行为的出发点和落脚点保护投资者利益从而产生了信义义务。在实践中,投资顾问合同可能包括部分信义义务内容,例如投资者适当性义务、投资者账户安全保障义务等,但这仅是合同对信义义务的一种重申,是智能投顾运营者为了吸引客户、为了突出自身义务而约定的,其并未改变信义义务的性质,即使未在合同中约定,智能投顾运营者及其他关系人仍应对投资者负有信义义务。二是内容不同,信义义务的内容基于信赖利益的不同而有所差异,合同义务的内容是由双方当事人约定在合同中的。在智能投顾业务中,智能投顾运营者对投资者所负的信义义务主要包括注意义务及忠实义务。[1] 注意义务又称"勤勉义务",是指智能投顾运营者在向投资者提供投资咨询服务时,应尽到一个理性人应尽的勤勉义务,充分调查与投资咨询业务相关的信息,确保所提供的投资建议有助于投资者利益最大化。智能投顾模式中注意义务是一个集合概念,基于智能投顾模式的特殊性,智能投顾运营者所负的注意义务主要包括投资者适当性义务、安全风险防范义务、算法监管义务等。在智能投顾业务中,由于智能投顾运营者与投资者之间可能存在利益冲突,例如,智能投顾运营者

---

[1] 钟维:《中国式智能投顾:本源、异化与信义义务规制》,《社会科学》,2020年第4期。

利用算法技术进行自我交易、关联交易等将会损害投资者的利益。忠实义务便是为了解决智能投顾运营者与投资者之间的利益冲突而产生的，信义义务要求智能投顾运营者在向投资者提供投资咨询服务时，应将投资者利益最大化作为一切的出发点和落脚点，在未经投资者同意情况下不得从事自我交易与关联交易，当自身利益与投资者利益发生冲突时，应将投资者利益置于首位。基于智能投顾业务的特殊性，忠实义务主要包括业务隔离义务、信息披露义务、告知义务等。[1] 智能投顾运营者对投资者的合同义务内容由双方自由约定，主要包括提供投资方案、分析建议、投资策划等义务。此外，智能投顾信义义务与合同义务在功能发挥上具有互补性。在智能投顾业务中，投资者基于对智能投顾运营者的信赖委托其代为理财，为确保智能投顾运营者为投资者最大利益行事，投资顾问合同通常会将智能投顾运营者义务进行充分罗列，但智能投顾运营者在提供投资咨询服务时具有较大的自由裁量权，并且金融市场瞬息万变，金融投资理财是一项专业性极强的业务，这将导致智能投顾运营者的义务无法通过合同完全约定，需要依靠信义义务对智能投顾运营者行为进行规制。

二 智能投顾与传统投资顾问信义义务的辨析

智能投顾本质仍属于投资顾问服务，因此，在研究智能投顾信义义务之前，应对传统投资顾问的信义义务进行分析。关于传统投资顾问信义义务，理论界已经有较为成熟的研究。信义义务最初起源于罗马法中的信托关系，是指受益人对受信人存在信赖利益，受信人基于受益人对自己的信赖有义务尽最大努力，诚信、忠诚地为受益人利益最大化行事。[2] 在传统投资顾问业务中，投资者与投资顾问表面看似地位平等实则不平等，主要理由如下。一是在投资专业知识方面，投资顾问具备丰富的金融知识和投资理财经验与技

---

[1] Nicole G. Iannarone, "Rethinking Automated Investment Adviser Disclosure," *University of Toledo Law Review*, Vol. 50, Issue 3 (Spring 2019), p. 438.
[2] 杨东、武雨佳：《智能投顾中投资者适当性制度研究》，《国家检察官学院学报》，2019 年第 2 期。

智能投资顾问中的信义义务

能，而投资者通常不具备这些知识与技能；二是金融市场信息不对称，投资顾问作为专业的金融理财专家，有能力获取金融市场相关行情信息，并有能力对信息进行加工分析，而投资者则欠缺获取金融市场信息和分析利用金融市场信息的能力；三是投资顾问与投资者之间的投资顾问合同是一种不完备合同。正是基于投资者与投资顾问之间的这种实质不平等，投资者需要依靠投资顾问代其理财，并且投资者对投资顾问产生了信赖利益，这是投资顾问对投资者负有信义义务的基本原理。①

在传统的投资顾问业务中，投资顾问的信义义务包括两方面内容，即注意义务与忠实义务。由于投资顾问接受投资者委托，收取投资者的服务费用，以其专业技能为投资者提供投资咨询服务，因此，其应当竭尽所能地为投资者利益最大化行事。由此引出了投资顾问的注意义务，即投资顾问应尽到一个理性的经济人应尽的注意和审慎义务，勤勉尽责地为投资者利益最大化行事。投资顾问的注意义务最主要体现在投资者适当性义务和最佳执行义务两个方面。投资者适当性义务要求投资顾问在执行工作中做到"了解你的客户和了解你的产品"，并将最合适的产品推荐给最合适的投资者。最佳执行义务要求投资顾问在选任经纪商时充分考虑经纪商的业务能力、服务费率、责任承担能力、信誉等各项因素，选择最有利于投资者的经纪商。此外，在投资顾问业务中，为防止投资顾问基于自身利益将自己销售的并不适合投资者的理财产品推荐给投资者或者将关联交易方的理财产品推荐给投资者，产生了投资顾问的忠实义务，即投资顾问接受投资者的委托后，应将投资者的利益置于首位，当自身利益与投资者利益发生冲突时，应以投资者利益为重，不得为谋求自身利益而损害投资者利益。为了避免与投资者的利益发生冲突，投资顾问应向投资者全面、准确、及时地公开相关信息，尤其是利益冲突信息。②

---

① 李文莉、杨玥捷：《智能投顾的信义义务》，《人工智能法学研究》，2018 年第 1 期。
② 郑佳宁：《论智能投顾运营者的民事责任——以信义义务为中心的展开》，《法学杂志》，2018 年第 10 期。

第三章 智能投顾中信义义务的标准

虽然智能投顾本质仍属于投资顾问，但人工智能、大数据、互联网等技术的应用使其具有区别于传统投资顾问的特殊性，对传统投资顾问的信义义务产生挑战，主要体现在以下方面。一是人工智能技术的应用导致信义义务主体多元化。前文已对智能投顾模式中信义义务的承担主体进行了分析，智能投顾平台并不是信义义务的承担主体，根据投资者与智能投顾运营者之间的关系、智能投顾运营者承担信义义务的理论分析，智能投顾运营者是承担信义义务的主体，此外智能投顾业务中介入的人工顾问、交易模型提供者亦属于信义义务的承担主体。二是人工智能技术的应用倒逼智能投顾信义义务内容的更新。由于人工智能、互联网、大数据等科技的应用，智能投顾主体间的关系更加复杂、运营模式更加隐蔽并且带来新的风险，传统投资顾问模式中的信义义务已经无法满足保护投资者的需求。人工智能等技术的应用对智能投顾的注意义务的挑战主要体现在以下方面。一是算法"黑箱"使得智能投顾运营者利用投资者对算法的不知情，从事损害投资者利益的行为。二是智能投顾运营者未能充分收集投资者信息，尚未做到"了解你的客户和了解你的产品"，未能向投资者提供适当的投资建议。三是智能投顾运营者网络安全防护措施不足，给网络安全、平台稳定运行、投资者数据保护带来威胁。四是智能投顾运营者对投资者账户具有较大控制权和裁量权，智能投顾运营者可能存在不当行为损害投资者利益。因此，亟须对智能投顾的注意义务内涵进行更新，以确保智能投顾运营者能够为了投资者利益最大化行事。人工智能等技术的应用对智能投顾忠实义务的挑战主要体现在智能投顾模式涉及主体变得更为复杂，并且运行模式更为隐蔽，智能投顾运营者信息披露不充分，致使其可能进行自我交易或关联交易从而引发利益冲突，损害投资者利益。因此，亟须对智能投顾模式中的忠实义务进行更新，以确保智能投顾运营者能够将投资者利益置于首位。综上所述，智能投顾信义义务更新的逻辑在于人工智能等技术的应用对传统信义义务的挑战，亟须更新信义义务以推动智能投顾产业的健康发展。

第三节　智能投顾中信义义务标准的内容

任何受托关系中都会出现利益冲突，但这种情况在金融服务行业可能并不多见。投资顾问在决定是进行对客户最有利的交易，还是进行对自己或公司有利的交易时，往往会陷入两难的境地。当一项决定在经济上对他们自己更有利，而不符合客户的最佳利益时，将引起监管机构的警惕。因此，防止投资顾问与客户之间的利益冲突、实现投资者最佳利益是投资顾问信义义务的核心内容。本节在第二章的基础上，分别就作为信义义务主体的运营者与交易模型提供者应满足的信义义务标准进行阐释，以期为智能投顾运营者及交易模型提供者提供统一的信义义务标准。

一　智能投顾运营者的信义义务

在智能投顾业务中，智能投顾运营者与投资者之间存在委托—代理关系，投资者基于对智能投顾运营者的信任委托其提供投资咨询服务。因此，智能投顾运营者应对投资者负有信义义务。由于智能投顾运营者是智能投顾业务的直接经营管理者，因此，智能投顾运营者相较于其他信义义务主体，存在更为多元化的注意义务与忠实义务。

（一）智能投顾运营者的注意义务

智能投顾运营者的注意义务标准，要求智能投顾运营者勤勉尽责地为投资者最佳利益行事，在投资咨询服务中，像一个严谨、谨慎、理性的人为自己做事情一样，尽到合理的注意义务。由于智能投顾运营者采用人工智能技术为投资者提供个性化的投资服务，因此智能投顾运营者的信义义务标准相比于人工投资顾问具有特殊性，智能投顾运营者信义义务标准将更为丰富和严格。

1. 投资者适当性义务

智能投顾作为一种个性化投资咨询服务，应当能够依照投资者的个人投资偏好提供个性化投资建议。因此，智能投顾应像人工投资顾问一样，针对

第三章 智能投顾中信义义务的标准

不同的投资者提供恰当的投资建议，做到"千人千面"。智能投顾运营者的信义义务适用于任何对他人持有特殊信任的人，主要指"正直和忠诚"，考虑的是"公平交易和诚实守信"。在智能投顾模式下，部分人对智能投顾提出了批评意见，因为智能投顾向投资者提供的调查问卷过于笼统，并且没有考虑投资者的投资经验和投资需求，因此认为智能投顾未能满足注意义务。此外，学者们认为，智能投顾缺乏投资规划中的人性化因素。拉特格斯大学法学院教授阿瑟·拉比解释称，投资顾问的受托责任的两个基本要素是人际关系和判断力。此外，机器会错过对话中产生的问题以及仅通过人与人之间的交流而获得的其他信息。[1] 为此，关于投资者适当性义务标准应注意以下几个方面。首先，弱化调查问卷结果对投资组合选择的影响。根据FINRA《数字投资咨询报告》调研结果，不同智能投顾平台在调查问卷的内容设计上差异很大，调查问卷问题和选择设计的科学性、合理性都会影响对投资者风险承受能力的判断和投资组合的选择；同时，智能投顾的调查问卷缺乏"全局观"，[2] 只能依靠问卷调查获取的每项信息对投资者各项情况分别进行分析，无法对投资者作出最正确的判断，因而也无法提供最合适的建议。其次，多方位采集投资者信息，弥补单纯以电子问卷方式审查投资者适当性的不足。信息是决策的基础，为确保智能投顾提供的投资建议做到"千人千面"，智能投顾运营者应完善投资者信息采集制度。一方面，要完善投资者信息收集方式，当前大多智能投顾仅靠问卷调查方式采取投资者信息，但问卷调查题目有限、设计不合理，无法全面收集投资者信息。对此，智能投顾运营者应当采取多元的信息收集方式，确保全面收集投资者信息。另一方面，投资者信息持续更新。由于投资者的收入情况、财产状况等信息处于不断的变动之中，因此需要定期对投资者基本情况进行更新。为此，应明确规

---

[1] Alexandra M. Jones, "Old Days Are Dead and Gone: Estate Planning Must Keep Its Head Above Water with the Changing Tide of Technology," *Estate Planning & Community Property Law Journal*, Vol. 11, Issue 1 (Fall 2018), pp. 175–176.

[2] Melanie Fein, FINRA's Report on Robo-advisors: Fiduciary Implications (Apr. 1, 2016), http://ssm.com/abstract=2768295.

智能投资顾问中的信义义务

定智能投顾每隔 3 个月对投资者基本信息进行重新收集更新并重新分析及时调整投资策略。此外，还应明确智能投顾运营者的提示义务，定期提示投资者当其资产情况发生变动时，应及时通知智能投顾运营者。最后，应建立智能投顾运营者承诺制度，明确要求智能投顾运营者对投资者的适当性作出承诺，确保提供的投资建议与投资者风险偏好相匹配。在智能投顾运营者违反投资者适当性义务给投资者造成损害时，相关责任人应承担赔偿责任。

2. 安全风险防范义务

智能投顾引入人工智能技术不仅继承了传统投资顾问的风险还引发了其他安全风险，智能投顾运营者作为投资者的受托人，应加强安全风险防控，确保投资者财产安全。一是智能投顾运营者应加强网络安全防控系统建设，采取防火墙等措施避免网络遭到黑客攻击，确保投资者资金、信息安全。二是智能投顾运营者应加强内部合规管理，确保各项业务都符合法律、法规及监管部门的要求，建议有条件的设立专门的首席合规官，确保智能投顾平台的合规经营，避免损害投资者利益。三是建立资金第三方托管制度。尤其是在智能投顾资产管理业务中，投资者将资产全权委托给智能投顾运营者，由其代为理财，此时智能投顾运营者可能存在擅自挪用客户资金至自有资金池的情况，需要通过第三方托管的方式，保证投资者资金与运营者自有资金相互隔离，保障投资者的资金安全。四是产品风险的防控。无论是智能投顾运营者自营产品还是第三方产品，智能投顾运营者均负有审核的义务。对于投资理财产品，智能投顾运营者应加强风险识别，明确风险等级，并对高风险的产品建立风险应急处理机制，并在作出投资建议前充分提示投资者。

3. 智能投顾算法监管义务

在智能投顾业务中，智能投顾运营者通过算法技术为投资者提供投资咨询服务，智能投顾算法在本质上属于智能投顾运营者提供投资建议的工具，无论是自主研发还是委托第三方研发，运营者都对智能投顾算法负有持续监管的义务。一是智能投顾运营者应确保算法的有效性，对智能算法的基本假设、投资模型、运算方法进行充分监测，并对算法可能产生的不利后果进行评估，建立相应的应急机制。二是智能算法的持续性评估与监测。在智能投顾运行中，智能投顾运营者要不断对算法依据的参数、算法目的是否符合投资者需求、算法程序是否依照设定的模型运行进行持续性监测，确保智能投顾安全、稳定、持续运行。

（二）智能投顾运营者的忠实义务

智能投顾运营者的忠实义务要求智能投顾运营者在利用智能投顾为投资者提供投资咨询服务时，应避免利益冲突，在利益冲突存在时，应及时通知投资者，并能够将投资者利益置于首位。智能投顾运营者忠实义务标准构建的关键在于如何防范利益冲突。在智能投顾业务中，投资者与智能投顾运营者之间的利益冲突主要体现在智能投顾运营者的自我交易与关联交易方面。因此，如何避免利益冲突，防范智能投顾运营者自我交易及关联交易输送利益是构建智能投顾运营者忠实义务标准的核心。

美国对智能投顾运营者忠实义务的履行提出了明确的信息披露要求。美国关于智能投顾运营者信义义务的观点认为，尽管在投资者看来金融专业人员的行为是在为其最大利益而行事，但只有受《1940年投资顾问法》监管的投资顾问才对投资者承担信义义务。根据《1940年投资顾问法》，无论是传统投资顾问还是智能投顾，投资顾问只有在充分披露信息、避免利益冲突并从客户的最佳利益出发时，才达到了信义义务的标准。[1] 智能投顾运营者与投资者之间存在严重的信息不对称问题。作为最具有监督智能投顾动力的投资者因难以获取智能投顾运营者的相关信息，无法有效地对智能投顾进行监管。同时，智能投顾运营者利用这种信息不对称，从事自我交易或关联交易损害投资者利益。国外针对智能投顾运营者忠实义务的履行强调智能投顾运营者的信息披露义务，履行信息披露义务确实可以营造公开、透明的委托—代理关系，可以加大投资者对智能投顾运营者的监督力度。从更深层次分析，信息披露是将智能投顾运营者的经营现状、运营模式、服务方式以一定的方式向外界公开。但智能投顾运营者的忠实义务要求智能投顾运营者在

---

[1] Nicole G. Iannarone, "Rethinking Automated Investment Adviser Disclosure," *University of Toledo Law Review*, Vol. 50, Issue 3 (Spring 2019), p. 438.

智能投资顾问中的信义义务

发生与投资者利益冲突事件时，能将投资者的利益置于自身利益之上，以投资者利益作为一切行动的出发点和落脚点。智能投顾运营者履行信息披露义务虽与忠实义务有所联系，但信息披露义务的履行仅是将智能投顾的经营情况告知投资者，这并不是在履行将投资者利益置于首位的义务。本书认为，信息披露义务并不是履行忠实义务的表现形式。但信息披露可以营造公开、透明的委托—代理关系，从而有助于监管机关及投资者对智能投顾运营者的监管，为此，信息披露应被视为智能投顾运营者履行忠实义务的一种保障方式，智能投顾运营者履行信息披露义务，可以发挥监管部门、投资者对智能投顾运营者忠实义务履行状况的监督作用，从而确保智能投顾运营者信义义务的履行。

前文已述，智能投顾运营者违反忠实义务的主要表现形式为自我交易与关联交易。因此，智能投顾运营者忠实义务的法律规制主要在于规制智能投顾运营者的自我交易与关联交易。对智能投顾运营者自我交易与关联交易的规制首先应思考：规制自我交易与关联交易的原因是什么？从事自我交易与关联交易是否必然构成对忠实义务的违反？如何才能确保自我交易与关联交易不会损害投资者利益？智能投顾运营者从事自我交易、关联交易可能导致其将自身利益凌驾于投资者利益之上，从而损害投资者利益，这是对自我交易与关联交易进行规制的原因。但深入思考，自我交易仅说明了运营者将自己销售的理财产品推荐给投资者，关联交易仅说明了运营者将关联交易方的理财产品推荐给投资者，但在自我交易与关联交易中，运营者推荐给投资者的理财产品并不都是劣质产品，并非一律对投资者不利，并非绝对构成对忠实义务的违反。自我交易与关联交易存在损害投资者利益的可能，但如何对其进行法律规制成为一大难点。在市场规制法理论中，市场失灵是国家对市场经济进行干预的逻辑基础，[①]"适度干预"是国家介入市场经济的基本准则，但国家如何才算做到"适度干预"则是一个令人棘手的问题。有学者提出，"适度干预"是指国家在尊重市场主体营业自由与法律规制的临界点上

---

① 张守文：《经济法学》（第 4 版），北京：中国人民大学出版社，2018，第 7 页。

所进行的一种介入状态。① 本书认为，市场经济本质是自由的经济，在我国深入推进"放管服"改革的背景下，国家不应过度干预市场主体的经营行为，只有在市场主体滥用经营自主权，对社会产生了负外部性影响，并且这种负外部性影响无法通过市场自身得以解决时，才需要国家介入。因此，智能投顾运营者从事自我交易、关联交易并不能"一刀切"式地认定为违法交易，而是应采取相应的措施，避免其将自身利益置于投资者利益之上，作出损害投资者利益的行为，对此，本书认为智能投顾运营者应当负有告知、说明和征求同意的义务。当智能投顾运营者基于对投资者及理财产品的了解，将自营产品或关联交易方产品推荐给投资者时，应及时告知投资者，并向投资者说明情况，征得投资者同意。智能投顾在履行告知、说明和征求同意义务时需注意以下几点。一是应及时告知，因资本市场瞬息万变，任一交易机会均将对投资者产生重要影响，智能投顾运营者应及时履行告知义务。二是充分说明，鉴于智能投顾算法对投资者而言属于科技"黑箱"，加之我国投资者教育不足，投资者无法全面、准确理解和判断智能投顾提供的投资建议及相应后果。为此智能投顾运营者应向投资者充分解释和说明，并对交易可能涉及的风险及不可预知的后果进行充分说明。三是明示同意，法律上关于同意分为明示同意与默式同意，由于智能投顾运营者自我交易、关联交易极可能导致投资者利益损害，涉及投资者切身利益，因此，此处的同意应当为明示同意。

二　智能投顾中人工顾问的信义义务

智能投顾作为决策支持工具，客观上不能脱离人的因素。人机结合的投资顾问模式在消除人工顾问决策的偏见时保留适当的人工干预，及时防范智能投顾可能带来的系统性风险。无论人工顾问在投资顾问业务中处于主导地位还是处于辅助地位，人工顾问通过与客户的沟通确实可以对客户的投资决策产生实质性的影响。因此，智能投顾中的人工顾问应受信义义务的约束。

---

① 肖顺武：《论经济法的基本原则》，《社会科学家》，2007年第2期。

智能投资顾问中的信义义务

但由于智能投顾中人工顾问参与投资决策的程度不同，因此其信义义务的标准应以其参与投资决策的影响力为依据进行差异化处理。

本书第二章已对人机互动模式有所阐述，大致分为两类：第一类是人工顾问在投资咨询服务中起主导作用，智能投顾仅作为辅助工具，最终由人工顾问向客户提供投资建议；第二类是人工顾问在投资咨询服务中起辅助性作用，由智能投顾直接向客户提供投资建议。在第一种模式中，由于投资建议并非由智能投顾提供，智能投顾仅起到辅助性作用，智能投顾仅作为一种工具而存在，并未从根本上改变传统投资咨询法律关系，其与传统投资顾问并无本质区别。因此，人工顾问应负有较重的信义义务，就其注意义务而言主要在于投资者适当性义务，该义务虽为智能投顾运营者义务，但人工顾问毕竟为投资建议的直接提供者、执行人，其行为将直接关系到投资者的切身利益。人工顾问作为智能投顾平台的工作人员，是智能投顾平台业务的具体执行者，人工顾问的行为就代表着智能投顾平台的行为。因此，人工顾问应当严格履行智能投顾运营者所应履行的适当性义务。此外，人工顾问在提供投资建议中应负有严格履行投资顾问合同约定的义务，严格执行国家法律法规及智能投顾平台内部规范的义务，同时，应时刻关注业界行情，勤勉尽责为投资者利益最大化行事。人工顾问的忠实义务主要体现在人工顾问提供投资咨询服务时应避免利益冲突。对此，人工顾问在将智能投顾平台自营或利益关联第三方经营的理财产品推荐给投资者时，应及时履行告知义务，并充分说明推荐的理由以及可能造成的不利影响，在接受投资者全权委托的资产管理业务中，还应在征得投资者同意的情况下进行相应的投资操作。

第二种模式中，鉴于人工顾问通过与投资者的沟通确实可以对投资者的选择产生实质性影响，人工顾问依然应受信义义务的约束。但在该种模式中，由于直接向投资者提供投资建议的是智能投顾，而非人工顾问。人工顾问在其中的主要作用是和投资者进行沟通，更类似于人工客服，在投资顾问服务中仅起到辅助性作用，因此，其承担相对较轻的信义义务，具体体现在以下几个方面。一是禁止诱导或者变相诱导投资者进行不符合投资者实际情况的投资行为。二是风险提示义务，人工顾问应当充分、全面、及时地向投资者披露智能投顾业务模式，并告知投资者可能存在的风险，在智能投顾出现技术故障时，应及时采取相应的应急措施，并及时告知投资者。三是时刻对智能算法进行监测，定期进行算法测试，确保智能投顾的有效性，确保其能够平稳、持续运行。

三 交易模型提供者的信义义务

要确保算法程序能实现"千人千面"的投资组合建议以及资产再平衡功能，需要在设计前端，由智能投顾平台内部的金融专业人员将投资者和资本市场特征的重要参数、资产配置逻辑、风险对冲目标等进行设定、建模。[1]在算法的研发主体中，虽然交易模型提供者并不直接与客户接触，既非与投资者直接建立委托关系的受托人，也非直接向投资者提供投资建议的人工顾问，但其在建模之初的行为确实会对投资者最终的投资行为产生实质影响，因此其应当受信义义务的约束。

在智能投顾算法研发中，由于交易模型提供者的意志直接关系着智能投顾生成的投资建议质量，因此应适用较为严格的标准。一是交易模型提供者在模型建立时应避免利益冲突，做到客观、公正，应对交易模型反复推敲并对其风险进行评估，并且针对可能存在的安全风险隐患制定相应的风险应急措施。此外，交易模型提供者应当积极发挥创新精神，立足投资者需求，根植于我国金融市场的特殊性，设计出适合我国投资者需求的交易模型。二是要充分进行信息披露，在做到保护智能投顾运营者商业秘密的基础上，全面、充分地披露交易模型设计理念、模型参数、建模思路、基本原理、交易模型存在的风险等信息。此外，要重点披露交易模型可能会产生的利益冲突问题，充分披露关联交易方。三是对交易模型的提供者实行资格准入制度。智能投顾运营者为金融机构的情况下，交易模型提供者多为具备金融和计算机专业知识以及专业资格的人。但在智能投顾运营者为非金融机构的情况下，交易模型的提供者可能在技术水平上与金融机构的专业人员存在差别，

---

[1] 高丝敏：《智能投资顾问模式中的主体识别和义务设定》，《法学研究》，2018年第5期。

智能投资顾问中的信义义务

一方面是非金融机构设立的智能投顾平台（主要提供海外业务的除外）对人才的吸引力较弱；另一方面是非金融机构设立的智能投顾平台管理较为松散，没有像金融机构一样规范、完备的合规管理制度，对算法的开发不重视，在聘用技术人员时未就智能投顾算法的特殊性予以考量。因此，为保障资产管理业务全面放开后，智能投顾行业仍能保持健康的发展态势，避免出现 P2P 平台那样行业混乱、集体暴雷的情形，可以针对交易模型提供者设置资格准入制度，要求只有取得金融、计算机相应资格，并有相应工作经验的人员才能申请相关资质，智能投顾运营者才能聘请其作为技术人员参与模型的研发。否则，将视为智能投顾运营者未履行相应的安全防范义务，并对投资者承担责任。

第四章　智能投顾模式中信义义务履行的主要保障路径

第一节　智能投顾信义义务保障路径之一：信息披露

一　信息披露作为信义义务履行保障路径的理论基础

（一）委托代理理论

在投资顾问商业模式中，投资者因其自身专业知识水平受限，聘请具有专业知识的金融机构为其提供投资咨询服务，投资顾问与投资者之间通过签订投资咨询服务合同，形成委托关系。在投资顾问与投资者的法律关系中，投资顾问依照投资咨询服务合同规定的义务向投资者提供咨询服务。但在投资顾问法律关系中，投资顾问是凭借其专业知识和投资经验为投资者提供咨询服务，投资顾问提供的服务内容有较强的专业性和个性化因素，但因投资顾问专业水平、投资经验参差不齐，不同投资顾问提供的服务质量也有好坏之分。投资者委托投资顾问为其提供咨询服务，更多是因投资顾问所具备的专业知识，因此投资者对投资顾问形成信赖利益关系，投资顾问对投资者负有信义义务。[1]

关于委托代理理论的研究，当前学界的重点更多在于公司治理方面。20世纪30年代，美国经济学家伯利、米恩斯在研究公司治理时提出委托—代理理论，该理论是建立在信息不对称理论基础之上的。[2] 在现代市场经济中，

---

[1] 高丝敏：《智能投资顾问模式中的主体识别和义务设定》，《法学研究》，2018年第5期。
[2] 〔美〕阿道夫·A. 伯利、〔美〕加德纳·C. 米恩斯：《现代公司与私有财产》，甘华鸣、罗锐韧、蔡如海译，北京：商务印书馆，2005，第20~95页。

智能投资顾问中的信义义务

经济发展日益专业化，社会专业化分工日益明显，市场主体所拥有的资源日益分化，占有生产资料者往往不具备专业的经营知识。市场主体为实现资产的保值增值，开始聘请具有专业知识的经理人参与资产管理，所有权与经营权逐渐分离。在理论上，经理人接受所有权人的委托并通过经营活动获取一定的报酬，经理人应当遵循诚实信用原则勤勉尽责，但实践中，资产所有人将资产交付经理人经营，经理人拥有资产的使用权与处分权，在缺乏相应约束机制情况下，经理人极易为了自身利益而侵害资产所有人的利益。在投资顾问业务中，投资者与投资顾问之间签订委托合同，投资者基于对投资顾问的专业信赖将财产交予投资顾问，要求投资顾问通过对资本市场的调查研究和结合自身投资偏好提供投资咨询服务，并且通过向投资顾问支付服务费来进行价值交换。在投资顾问法律关系中，投资者的目标是通过对资产进行整合实现资产的保值增值，因此，期望投资顾问能够尽职尽责地凭借专业知识为自己提供专业的投资咨询服务。但市场主体是一个理性的经济人，[①] 马克思在《资本论》中写道："如果有百分之二十的利润，资本就会蠢蠢欲动；如果有百分之五十的利润，资本就会冒险；如果有百分之一百的利润，资本就敢于冒绞首的危险；如果有百分之三百的利润，资本就敢于践踏人间一切法律。"投资顾问作为以营利为目的的独立商事主体，在提供投资咨询服务时，可能存在侵害投资者利益的行为。比如，投资顾问基于成本考量，在未充分收集分析投资者财务状态、投资者理财经验、投资者预期收益等相关信息的情况下便向投资者提供投资建议；更为严重的是，当投资顾问遇到投资者利益与个人利益、投资顾问机构利益或其他利益发生冲突时，投资顾问为了获取不当利益将自身利益置于投资者利益之上，作出侵害投资者利益的行为。在投资顾问法律关系中，投资者基于对投资顾问的专业信赖，信赖投资顾问将会为其利益最大化行事。基于委托代理产生的这种信赖利益是投资顾问承担信义义务的基础，亦是其履行信息披露义务的逻辑基础。

---

① 吴新平、严晓琴：《"理性经济人"假设与道德相矛盾吗？》，《人民论坛》，2016年第31期。

第四章 智能投顾模式中信义义务履行的主要保障路径

在智能投顾领域，投资顾问引入人工智能技术为投资者提供投资咨询服务，但人工智能本身并不属于独立的法律主体，其本质乃是投资顾问提供投资咨询服务的工具。因此，投资者与投资顾问之间的委托代理法律关系并未改变，投资顾问对投资者依然负有信义义务，并且上文指出的投资顾问与投资者之间的利益冲突非但没有因人工智能技术的引入消失，反而变得更加隐蔽。在智能投顾业务领域，投资者对人工智能技术一无所知，智能投顾模型、算法假定、算法生成模式等对其属于算法"黑箱"，这就导致投资者无法对智能投顾平台进行有效的监管。倘若投资者能够全面、真实、及时地掌握智能投顾平台的相关信息，提高对智能投顾平台投资服务模式的了解程度，充分掌握智能投顾平台的经营情况，则投资者可以有效参与智能投顾的业务监管，有效保护自身合法权益。因此，基于信息不对称理论，为了防范化解投资顾问与投资者之间的利益冲突，防止投资顾问利用投资者的信赖损害投资者利益的行为发生，需要对信义义务的内涵和外延进行重新界定，重构投资顾问信息披露制度，在立法上明确规定智能投顾运营者的信息披露义务，提高智能投顾理财业务的公开透明度，加强投资者对智能投顾平台的监督，推动智能投顾业务健康发展。

（二）信息不对称理论

古典经济学的"开山鼻祖"亚当·斯密（Adam Smith）主张通过市场价格机制对市场进行自由调节，反对政府对市场经济的干预，该理论被称为经济自由主义，但该理论是建立在市场主体信息对称的假定基础上的。[①] 事实上，参与市场竞争的经济主体在知识水平、专业能力、经验等方面是存在差异的，市场主体在获取信息的能力上亦存在差异，市场主体所拥有的信息是不对称的。[②] 对此，新凯恩斯学派提出，在市场经济中不完全信息理论比完全信息理论更具有科学性，市场均衡理论需要在不完全信息条件下进行修

---

① 柴美群、刘爱英：《信息对称理论架构创新研究》，《商业时代》，2014年第1期。
② 王光远、陈骏：《企业内部控制监管研究：理论、现实与启示》，《财会通讯》，2014年第16期。

正。信息不对称是指在市场经济活动中,市场经济主体在特定的经济活动中对信息的掌握程度不同,造成该经济活动相关信息在各经济主体间的不均衡分配状态。[1] 信息不对称理论认为,在市场经济中,各市场主体存在个体差异,导致各市场主体所掌握的信息是存在差异的,信息不对称具有不可回避性。具有信息优势的一方,通常在市场经济中处于优势地位,可以利用其掌握的信息预测市场的发展走势,规避市场风险。而不具有信息优势的一方,通常在市场经济中处于劣势地位,无法提前预估事态的发展情况。市场经济中的信息不对称问题极易诱发道德风险,[2] 并将引发严重的"劣币驱逐良币"现象。在市场交易中,假如买卖双方信息是对称的,交易双方对货币的成色和质量均十分清楚,则劣币将难以用出去,即使用出去也只能按其实际价值进行交易;但实际上市场处于信息不对称状态,交易的一方无从知晓对方的货币是劣币还是良币,这将导致不知情的交易一方在交易中受到损害,久而久之市场中劣币不断增多,最终良币被"驱逐"出市场,不利于市场经济的健康发展。

在投资顾问法律关系中,投资顾问与投资者之间表面是主体平等的,基于自愿签订投资咨询服务合同,但实则二者处于不平等地位。投资顾问拥有专业的投资理财知识、丰富的投资经验、掌握着丰富的资本市场投资信息,在谈判中更具优势,在投资咨询服务中处于优势地位;而投资者因缺乏投资理财知识和丰富的资本市场信息,在投资咨询服务中处于弱势地位。这种实质的不平等使得投资者需要依赖投资顾问的专业投资咨询服务,从而再次强化了投资顾问的优势地位。[3] 但在具体的投资顾问服务中,投资顾问可能基于自身利益最大化将自身利益置于投资者利益之上,作出损害投资者利益的行为。智能投顾引入人工智能,避免了人为的不理性因素,避免了人工投资顾问与投资者之间的利益冲突,使得投资咨询建议更为客

---

[1] 赵忠义:《私募股权投资基金监管研究》,北京:中国金融出版社,2012,第56页。
[2] 潘从文:《私募股权基金治理理论与实务》,北京:企业管理出版社,2011,第102页。
[3] 李文莉、杨玥捷:《智能投顾的信义义务》,《人工智能法学研究》,2018年第1期。

观,但智能投顾运营者可以直接控制智能投顾的算法假设、模型等,并可以通过控制智能投顾算法作出侵害投资者利益的行为。[①] 此外,智能投顾背后是智能算法,这种算法对投资者而言无疑是科技"黑箱"。在智能投顾的算法设计中,除智能投顾运营者可能通过算法设计侵害投资者利益,参与算法设计的第三方亦可能与投资者存在利益冲突,其极可能设计歧视性算法作出损害投资者利益的行为。在以智能投顾方式参与的资产管理业务中,因智能投顾追求长期投资理念,投资者通常不会随意终止投资,在这个过程中,投资者将面临多重信息风险。一是投资者因投资理财知识及经验不足而与智能投顾运营者之间信息不对称。在智能投顾资产管理业务中,智能投顾基于投资者风险偏好为其进行投资组合,投资者对投资组合并不了解,无法充分知晓投资的收益来源及亏损分担。二是投资者与所投资标的的经营者之间信息不对称。在资产管理业务中,投资者资产被投资于各类债券、股票或私募基金,这些投资标的的经营者相对于投资者而言更熟悉了解产品,并且投资标的的经营者可能利用投资者的不知情作出侵害投资者利益的行为。

鉴于智能投顾中的这种信息不对称在实践中难以消除,投资者难以对智能投顾运营者进行有效的监督,因此需要给予投资者特殊的保护。[②] 智能投顾运营者滥用信息优势地位可能对资本市场产生负外部性影响,在投资者自身无法有效解决该负外部性问题时,则需要借助外部力量,通过国家立法苛以智能投顾运营者相应的信息披露义务,并对其进行有效的监管,以此抵消智能投顾中因信息不对称造成的负面影响。

(三)有效市场理论

有效市场理论始于1965年美国芝加哥大学教授尤金·法玛(Eugene F. Fama)发表在 *Journal of Business* 上的一篇题为《证券市场价格行为》的论文,该论文认为假如股票价格能够准确地反映相关信息,那么每只股票的

[①] Megan Ji, "Are Robots Good Fiduciaries? Regulating Robo-advisors Under the Investment Advisers Act of 1940," *Columbia Law Review*, Vol. 117 (2017), pp. 1543–1572.

[②] 陈洁:《投资者到金融消费者的角色嬗变》,《法学研究》,2011年第5期。

价格都能反映其实际价值,这样的市场便是有效的市场。① 有效市场理论是指在证券市场中,投资者可以有效地获取所购买证券的所有相关信息,并通过对信息的分析判断该证券的实际价值,进而通过等价交换购买该证券。② 在资本市场中,既存在已有的确定性信息,又存在大量可能将要发生的无法确定的未知信息,良好的市场运行依托有效的信息传递,依照有效市场理论,若信息是有效可得的,则市场便是有效的,市场价格对市场的历史信息、现有信息、公开信息及不公开信息反映越充分,则市场的运行效率越高。③ 有效市场理论主要包括以下要点。一是在资本市场中假定每个人都是理性的经济人,投资者能够获取所要购买证券的所有信息,并对该证券实施有效的监管,并能够通过信息分析评估每种证券的价格,权衡证券的收益与风险。二是证券市场中每种证券的价格能够反映市场主体的供求平衡,投资者可以通过买进或卖出证券使得供给达到平衡状态。三是证券市场中每种证券的价格能够有效地反映该证券全部可获得的信息,在涉及该证券的信息发生变化时,该证券的价格亦将随之发生变化,无论利好消息抑或利空消息,消息一经发生,证券价格便开始变化,在信息已经为社会公众所知悉时,证券的价格已经调整至理性的价位。

有效市场理论是一种假说,这种假说建立在以下四种假设之上。一是证券市场中的每种证券信息是被全面、及时、准确披露的,每一位投资者在相同的时间可以得到相同的信息。二是投资者可以及时便捷地获取每种证券的信息,证券信息获取成本可以忽略不计。三是参与证券交易的投资者都是理性的经济人,投资者能够通过所掌握的信息对证券进行充分的分析,能够对证券进行科学的评估,获取证券的真实价值。四是在证券市场中,投资者对相关信息足够敏感,能够对信息的更新、变化作出全面、迅速的反应,并能

---

① 赵振华编著《证券投资基金法律制度研究》,北京:中国法制出版社,2005,第234~236页。
② 李茂生、苑德军主编《中国证券市场问题报告》,北京:中国社会科学出版社,2003,第423页。
③ 季冬生:《证券投资基金有效信息披露的社会价值分析》,《经济理论与经济管理》,2008年第6期。

第四章 智能投顾模式中信义义务履行的主要保障路径

够导致证券价格发生相应变化。但有效市场理论仅是一种理论假设，在证券市场中，参与证券投资的投资者并不都是理性的，并且投资者的非理性投资决策往往不是偶然的，而是经常性的。此外，在证券市场中，投资者与证券发行人信息往往处于不对称状态，投资者所依据的往往是非真实、全面、准确的信息。在投资顾问业务中，人工智能的引入并未改变投资顾问的本质，只是将投资者对人工投资顾问的信赖，通过机器人来实现而已。人工投资顾问所应承担的信义义务，智能投顾依然应继续承担。在智能投顾业务中，智能投顾运营者因信息披露不充分而违反信义义务，侵害投资者合法权益行为主要体现在以下几个方面。一是人工智能技术被引入投资顾问业务，使得投资者与投资顾问之间的信赖表达方式更具有虚拟性，这将导致投资者与投资顾问之间出现新的信息不对称问题。在缺乏完善的信息公开制度的情况下，在投资顾问对信息披露不充分时，可能存在违反信义义务、侵犯投资者合法权益的问题。[1] 二是智能投顾通过智能算法为投资者提供投资咨询服务，但在实践中，智能投顾运营者往往未将智能投顾背后的算法模型、算法假定、外包服务第三方、佣金费率、人工管理信息等与投资者利益相关的信息向投资者充分披露，这将导致投资顾问与投资者之间存在产生利益冲突的可能性。[2] 三是在智能投顾资产管理业务中，投资者将资产交付给智能投顾控制，智能投顾基于算法模型为投资者提供投资组合建议并自动进行投资理财行为，同时依据证券市场的变动及时对投资组合进行调整。但在此过程中，若智能投顾运营者未将智能投顾投资标的库中的产品信息向投资者充分披露，在智能投顾自动生成的投资组合不适合投资者时，投资者将无法对智能投顾进行有效监管。

提高证券市场的有效性，从根本上讲就是要解决证券价格形成过程中的信息披露难题。在智能投顾业务中，信息披露充分程度与市场的有效性成正相关，要充分解决智能投顾中因利益冲突侵犯投资者利益的行为，最关键的

---

[1] 刘沛佩：《我国证券市场智能投顾发展的监管思考》，《证券市场导报》，2019年第1期。
[2] 郭雳、赵继尧：《智能投顾发展的法律挑战及其应对》，《证券市场导报》，2018年第6期。

便是解决与智能投顾咨询服务意见生成有关的信息披露问题，建立完善的智能投顾信息披露制度，通过强制信息披露与自愿信息披露相结合，督促智能投顾运营者及时、全面、准确地披露信息。

（四）国家干预理论

在自由经济主义时期，自由经济学家主张完全通过市场机制进行资源配置，反对国家对经济的干预，自由经济主义奠基人亚当·斯密主张自由经济主义符合企业的发展规律，并认为市场主体均为理性的经济人。市场主体对自身情况最为熟知，能依据市场情况作出最佳判断，国家无法全面了解企业状况和需求，无法代替企业作出最佳的经济决策。自由经济主义认为市场经济可以通过自我调节实现市场的供需平衡，市场可以通过价格机制实现资源的有效配置，确保市场不会出现持续的过剩和短缺，从而实现经济的均衡。充分的市场竞争是市场配置资源的最佳方式，但是，自由经济主义这一结论是建立在一定的条件之上的，正如凯恩斯在《就业、利息与货币通论》中提到的，自由经济主义理论仅适用于特殊的情况，对于一般情况则无法适用，自由经济主义理论的假设条件在我们现实的经济环境中是不具备的，自由经济主义有其固有的弊端。[①] 市场在配置资源过程中并非万能的，市场通过供求关系、运用价格机制参与资源配置有盲目性、滞后性、自发性等缺陷，市场主体是理性的经济人，以追求自身利益最大化为根本目的，市场主体在参与市场活动时，往往为了自身利益产生垄断、负外部性、信息不对称等现象。倘若仍依靠市场自身进行调节，则市场配置资源的效率将大打折扣，无法实现效率帕累托最优，导致市场机制存在失灵现象。[②] 即市场虽作为一种有效的资源配置手段，但市场机制往往由于各种因素陷入失灵状态，"看不

[①] 刘灿：《经济自由主义和国家干预：一个基于经济思想史的理论回顾》，《福建论坛》（人文社会科学版），2009年第12期。

[②] 李昌麒、应飞虎：《论经济法的独立性——基于对市场失灵最佳克服的视角》，《山西大学学报》（哲学社会科学版），2001年第3期。

第四章 智能投顾模式中信义义务履行的主要保障路径

见的手"失去作用。① 市场机制无法有效配置资源的情形在世界各国建立和完善市场经济中均是无法回避的客观现象,为实现市场经济的健康发展,弥补市场机制失灵带来的资源配置无效缺陷,国家适当介入市场经济,对市场进行适度干预。②

自由经济主义受到国家干预主义的挑战。国家干预主义可以追溯至欧洲封建社会晚期的重商主义,该主义反对政府对经济的自由放任政策,主张政府应当有所作为,扩大政府职能,适当限制私人经济自由,加强国家对经济的干预和调控。国家干预有时也被称为政府干预,国家作为一个公民共同组成的有机体,担负着组织经济建设职能。国家的组织经济建设职能无论是在重商主义还是在凯恩斯主义中均获得了突出强调,即使是奉行高度意思自治和崇尚自由竞争的古典自由主义也不反对国家对经济的最低限度的干预。③ 在一国家中,一定时期占主导地位的经济理论,通常会被统治者作为一个国家历史时期的经济政策采用,因此,适度干预是必要的且无法回避的。④ 但国家干预市场经济并不是无条件的,国家干预市场经济需要一定的制度前提,在干预市场经济活动中,国家应着眼于市场经济的社会基础,自觉地保护社会公共利益,保持崇高的道德理念,在法律的范围内依法履行经济建设职能,适度干预市场经济。国家干预市场经济的制度前提主要有以下几个方面。一是国家具有超然的理性状态。在市场经济中每个人都是理性的经济人,都为了谋求自身利益最大化而从事经济活动。倘若国家无法做到超凡脱俗,无法保持纯粹的理性状态,则国家对经济的干预权可能沦为某个特定利益集团谋取私利的工具。因此,国家需要具备高于市场经济主体的纯粹理性状态。二是国家利益高于个人利益的原则被社会普遍遵从。国家是由社会主

---

① 〔美〕曼昆:《经济学原理》,梁小民译,北京:生活·读书·新知三联书店,2001,第12页。
② 卢代富:《经济法中的国家干预解读》,《现代法学》,2019年第4期。
③ 卢代富:《经济法中的国家干预解读》,《现代法学》,2019年第4期。
④ 李昌麒:《经济法——国家干预经济的基本法律形式》,成都:四川人民出版社,1995,第28页。

智能投资顾问中的信义义务

体共同组成的,国家代表着国民的整体利益。在一国家中,若国家利益与私人利益发生冲突,则应当以国家整体利益为重,私人利益应当服从国家利益,否则国家将无法有效发挥职能。在市场经济中,国家作为独立的主体参与经济的调控,无法避免为了公共利益而对某个私人利益产生不利影响,若受损害的个人无法有效服从国家的指导和命令,则将导致国家无法有效干预市场经济。三是国家是社会经济发展理性的指引者。在市场经济中,国家的力量是巨大的,个人利益只有同国家利益相一致时,才能够享受更多的自由,市场中的主体只有接受国家的指导才能赢得更多利益。因此,国家干预市场经济要求国家是理性的指引者。① 上述三个方面的制度前提我国市场经济均具备,我国市场经济存在国家干预的理论基础。

在智能投顾业务中,投资者与智能投顾运营者之间的利益无法始终保持一致,存在利益冲突,这就导致智能投顾运营者可能会为了自身利益侵害投资者利益。由于投资者与智能投顾运营者之间存在严重的信息不对称问题,投资者利益无法得到充分的保障。② 上文已述,市场主体具有趋利避害的特征,在自由经济主义理论指导下,市场主体会为了自身利益产生负外部性问题,需要国家加强干预。在智能投顾中,运营者同样会为了自身利益隐瞒智能投顾背后算法的原理及投资标的的具体信息,从而利用机会主义侵害投资者利益。因此,需要国家通过立法苛以智能投顾运营者信义义务,明确规定运营者的信息披露义务,规范智能投顾发展。

(五)交易成本理论

从经济学视角谈论社会资源配置问题,一个无可回避的问题便是提高资源配置效率、降低交易成本,提高社会效益。③ 1934 年,康芒斯(John R. Commons)提出交易是制度经济学分析的最小单位,交易问题得到社会的广泛关注。1937 年,科斯在《企业的性质》一书中提出市场经济的运行是

---

① 赵学增:《自由是干预的目的》,《华南师范大学学报》(社会科学版),2008 年第 1 期。
② 杨东、武雨佳:《智能投顾中投资者适当性制度研究》,《国家检察官学院学报》,2019 年第 2 期。
③ 李怀:《科斯对社会成本理论的贡献及其启示》,《学术界》,2014 年第 1 期。

第四章 智能投顾模式中信义义务履行的主要保障路径

有成本的,这种成本促使了企业的产生,由市场主体组建企业,通过企业来进行资源配置,从而降低交易成本,至此"交易成本"一词被首次提出。[1]关于交易成本的内涵,Williamson认为交易成本既包括古典经济学家提出的在交易过程中为寻找交易对象、议价、磋商、履行交易义务等产生的一系列费用,还应包含经济制度中因制度问题造成的成本,尤其是因产权不清、机会主义等产生的成本。[2] 1979年,Dahlman进一步提出,交易成本是伴随交易的发生所产生的信息收集、磋商、交易实施等一系列成本。[3]

通常来说,在社会的经济发展过程中,交易主要可以分为以下两种模式。一种是直接交易模式。在这种交易模式中,没有中间者的介入,交易成本是最低的,也是最为理性的交易模式。另一种是间接交易模式。在这种交易中,交易双方无法直接进行交易或者直接交易将产生较高的成本,这时需要第三方的介入,即通过中间人进行交易,但这种交易将增加一个中间人成本。[4] 随着社会生产力的发展,社会分工日益细化,单个社会主体已经无法完成所有的事情。在市场交易中,更多的交易需要通过第三方主体实现,因此,如何降低交易成本是摆在我们面前亟须解决的问题。前文已述,交易成本包括议价、磋商、履行交易义务等成本。当前的市场是一个不完全市场,各市场主体之间存在严重的信息不对称问题,导致交易者在交易前需要花费大量时间、精力、金钱进行交易对象信息的收集和分析,信息成本成为交易中必不可少的成本之一。

在智能投顾业务中,投资者因投资知识及经验的欠缺委托投资顾问为其提供投资理财服务,但资本市场是个信息不对称市场,投资者与智能投顾运营者存在信息不对称问题。倘若智能投顾运营者无法进行有效的信息披露,

---

[1] 胡静波:《我国上市公司信息披露制度及其有效性研究》,北京:科学出版社,2012,第23页。

[2] 吴小节、杨尔璞、汪秀琼:《交易成本理论在企业战略管理研究中的应用述评》,《华东经济管理》,2019年第6期。

[3] Carl J. Dahlman, "The Problem of Externality," *Journal of Law & Economics*, Vol. 22, Issue 1 (April 1979), pp. 141–162.

[4] 李怀:《科斯对社会成本理论的贡献及其启示》,《学术界》,2014年第1期。

则投资者在选择交易方时必将耗费大量的时间和精力收集交易方信息。由于智能投顾引入了人工智能技术,智能投顾业务的运行更为隐蔽,加大了投资者收集信息的难度,造成过高的交易成本,最终动摇了投资者通过智能投顾获取服务的意愿,不利于智能投顾行业的发展。因此,需要合理构建智能投顾信息披露制度,加强和完善智能投顾运营者信息披露义务,降低投资者信息收集成本。

（六）信息披露是信义义务的本质要求

智能投顾信义义务履行的基础是信息披露的原因在于：首先,也是最重要的,信任关系始于对话,即参与者之间相互倾听并对所交换的信息作出反应,除非双方通过信息共享建立信任,否则不太可能发生交易；其次,信息披露是整个金融行业监管的一个标志,也是监管智能投顾运营者的一个关键工具；再次,从对国外监管制度的分析来看,美国 SEC 和 FINRA 联合强调了充分披露信息的必要性,这是智能投顾向投资者提供投资建议的第一步；最后,在社会变革时期,在重大的社会结构变革之前,通常有必要关注基本原则及其应对新技术挑战的能力。因此,信息披露机制对投资顾问与投资者建立委托关系至关重要,智能投顾信义义务的履行基础是信息披露。

在原始社会,人们主要依靠道德调整人与人之间的关系,通过"信义"的道德观念来调整人与人之间的交易关系。信义由"信"和"义"构成。从我国古代历史分析"信",其最初源于人们在神前祈福时要讲究诚信,不得有所欺骗和隐瞒。"信"的产生根植于当时的社会历史环境,由于当时社会生产力落后,人类认识大自然、改造大自然的能力弱,认为世间万物的产生与变化都是神的意志,人们对神有较强的敬畏之情,对神要诚信不能欺骗。之后"信"逐渐褪去了宗教色彩,演变为社会公众所遵守的一种道德行为规范。[1]"义"与"信"均与道德紧密联系,庞朴通过对殷甲考证,提出"义之本义为杀,为杀牲而祭之礼"。[2] 之后,随着社会发展,人们对"义"

---

[1] 王继远：《商事组织中信义义务的源流及其嬗变》,《甘肃社会科学》,2010 年第 4 期。
[2] 庞朴：《儒家辩证法研究》,北京：中华书局,2009,第 20 页。

第四章 智能投顾模式中信义义务履行的主要保障路径

的认知不断深入,"义"从人们对神的敬畏逐渐应用于人与人之间的社会生活,"义"逐渐成为调整人与人之间活动的社会道德规范。在我国传统文化中,"信"与"义"相辅相成,从二者起源和发展历程分析,"义"要稍早于"信","义"代表着更为广泛的社会需求,其内涵随着社会的变化而变得更为丰富,而"信"则看似稳定、实用,却从未脱离一定社会条件下"义"的影响。[①] 但随着社会生产力的进步,人与人之间的经贸往来日益频繁,交易逐渐由熟人之间延伸至陌生人之间,人与人之间的社会关系变得日益复杂,矛盾日益尖锐,仅仅依靠道德上的"信义"已经无法满足社会发展的需求,为此人们重大的、带有全局性的社会关系通过制定法律进行调整。但在制定法律过程中,人们将道德中的"信义"法律化、制度化,使其成为具有国家意志的信义义务。因此,现代法律中的信义义务源于道德中的信义观念,是道德的法律化。

法律上的信义义务虽来源于传统道德文化,但自其上升为一种制度化、法律化的法定义务后,其随着社会的发展而不断被赋予新的内涵。在英美法系中,信义义务的设立是为了解决委托人与受托人之间实质不平等的法律关系。在委托人与受托人的法律关系中,受托人具有信息优势并直接管理、支配委托人财产,处于优势地位,而委托人则处于劣势地位,为了防止受托人从事侵害委托人利益的行为,法律苛以受托人信义义务,以此保护委托人的利益。[②] 信义义务源于信义法,是指受益人基于某种关系对受信人产生信赖利益,受信人基于受益人对自己的信赖应忠诚、公正地为受益人的利益行事。[③] 此外,受信人在为受益人行事时,应当是无私的,不得利用自身的优势作出损害受益人利益的行为。[④] 在智能投顾业务中,投资者通过与智能投顾运营者签订投资咨询服务合同,在二者之间建立了委托—代理关系。前文

[①] 王莹莹:《信义义务的传统逻辑与现代建构》,《法学论坛》,2019年第6期。
[②] 宋琳、邹泰:《信义义务在我国的缺失及其根源探析》,《山东社会科学》,2007年第10期。
[③] 范世乾:《信义义务的概念》,《湖北大学学报》(哲学社会科学版),2012年第1期。
[④] Lennar I. Rotman, "Fiduciary Doctrine: A Concept in Need of Understanding," *Alberta Law Review*, Vol. 34, Issue 4 (1996), p. 821.

智能投资顾问中的信义义务

已述，这种关系在表面上看是基于平等的地位、基于双方意思自治达成的合同关系，但二者实质上处于不平等地位，主要体现在以下几个方面。其一，在专业技能方面，投资顾问具备丰富的金融投资知识和经验，而投资者则不具备。其二，资本市场具有较大的信息不对称性，投资顾问在信息获取方面相较于投资者更具优势。其三，投资顾问与投资者签订的合同是一种不完备契约。这种实质的不平等地位使得投资者需要依赖投资顾问进行投资理财，投资顾问在与投资者的关系中处于主导地位。正因为这种实质的不平等，投资者对投资顾问产生了信赖，二者之间存在信赖利益关系，基于这种信赖，智能投顾运营者应对投资者负有信义义务，苛以智能投顾运营者信义义务可以防止其权利滥用。[①] 投资顾问对投资者承担信义义务不仅是因为投资者与投资顾问之间存在委托—代理关系，更因为投资顾问具有较强的专业性，投资者因信赖投资顾问的专业能力、投资经验从而对投资顾问产生了信赖利益，这是投资顾问负有信义义务的主要原因。智能投顾运营者应对投资者承担信义义务，这就要求智能投顾运营者在向投资者提供投资咨询服务时是无私的，尽最大忠诚义务，能够以投资者利益最大化行事。

人工智能、互联网、大数据等科技的引入，使得智能投顾更具有特殊性，投资顾问关系更加复杂、运营模式更加隐蔽，新型风险层出不穷，智能投顾运营者在实践中违反信义义务、违规开展业务进而损害投资者利益的可能性更大。例如，算法"黑箱"可能导致智能投顾运营者利用投资者对算法的不了解，损害投资者利益。再如，智能投顾运营者信息披露不充分，致使存在利益冲突的潜在威胁，并且，智能投顾对投资者账户具有较大控制权，智能投顾运营者可能为了自身利益作出损害投资者利益的行为。上述难题不仅在我国智能投顾业务中存在，在其他国家也同样存在。为解决这一难题，美国《1940年投资顾问法》规定，投资顾问只有在充分披露信息、避免利

[①] 李文莉、杨玥捷：《智能投顾的信义义务》，《人工智能法学研究》，2018年第1期。

益冲突并从客户的最佳利益出发时,才达到了信义义务的标准。① 对此,我国亦应建立完善的智能投顾信息披露制度,要求智能投顾运营者主动披露智能投顾的模型、算法假设等信息,并充分披露交易的关联方,避免利益冲突。

二 智能投顾信息披露的立法现状及存在的问题

在短短数年间,智能投顾获得了快速发展。一些技术乐观主义者曾预测,到2020年智能投顾管理的资产超过2万亿美元。预测资产管理规模的快速增长,是因为智能投顾具有低成本优势,能够更广泛地吸引投资者。虽然许多专家认为个人投资者最好投资低成本的指数基金,但也有专家认为专业的建议对那些金融知识水平低的投资者是有益的。② 此外,还有一类特殊的投资者,他们更愿意信任顾问——无论是真人还是数字顾问,在得不到专业投资建议的情况下根本不会投资,③ 智能投顾试图填补这一空白。智能投顾作为新一轮科技革命和产业革命的产物,在我国尚处于初级发展阶段。近年来,随着我国资本市场的快速发展,智能投顾以低成本、客观性、能够满足长尾用户的需求等优势获得了快速发展。关于人工投资顾问,我国建立了较为完善的信息披露制度,但人工智能技术的引入对传统投资顾问业务产生了较大冲击,原有的信义义务已无法满足智能投顾发展的需求。为加强智能投顾运营者信义义务的履行,规范智能投顾的发展,保护投资者合法权益,应深入分析在投资顾问业务中引入人工智能技术对传统信息披露制度的挑战,并在此基础上重构智能投顾模式的信息披露制度。

(一)智能投顾模式下信息披露的立法现状

信息披露义务是智能投顾运营者依法主动或经投资者的要求,将涉及投

---

① Nicole G. Iannarone, "Rethinking Automated Investment Adviser Disclosure," *University of Toledo Law Review*, Vol. 50, Issue 3 (Spring 2019), p. 438.
② Jill E. Fisch, Tess Wilkinson-Ryan, Kristen Firth, "The Knowledge Gap in Workplace Retirement Investing and the Role of Professional Advisors," *Duke Law Journal*, Vol. 66, Issue 3 (2016), pp. 635–672.
③ Donald C. Langevoort, "Selling Hope, Selling Risk: Some Lessons for Law from Behavioral Economics about Stockbrokers and Sophisticated Customers," *California Law Review*, Vol. 84, Issue 3 (May 1996), pp. 627–702.

智能投资顾问中的信义义务

资者切身利益的信息向投资者、监管机构全面、准确、及时披露的义务。在智能投顾模式中，智能投顾运营者与投资者之间存在严重的信息不对称问题，为解决该信息不对称难题需要公权力苛以智能投顾运营者相应的信息披露义务，以避免智能投顾运营者利用信息不对称侵害投资者利益情形的发生。由于智能投顾在我国的发展尚处于初始阶段，有关智能投顾的法律法规尚处于空白，但投资顾问领域引入人工智能为投资者提供服务并未改变其本质，智能投顾本质仍属于投资顾问范畴。因此，关于传统投资顾问的各项法律制度仍可以适用于智能投顾业务。当前，关于投资顾问的法律法规主要有《证券法》《证券公司监督管理条例》《证券投资顾问业务暂行规定》《证券、期货投资咨询管理暂行办法》《关于规范金融机构资产管理业务的指导意见》等。

《证券法》关于投资顾问的相关规定主要有以下几个方面。第一，《证券法》第54条规定，证券投资咨询服务机构不得从事内幕交易。第二，《证券法》第56条规定，证券投资咨询服务机构不得欺诈、虚假陈述。第三，《证券法》第160条规定，投资顾问在向投资者提供投资咨询服务时应尽勤勉义务。第四，《证券法》第161条规定了投资顾问禁止从事的相关事项，明确投资顾问不得进行自我交易及关联交易。从上述规定分析，《证券法》将证券投资咨询机构列为证券服务机构进行管理，并要求其承担相应的勤勉义务及忠实义务，但对于信息披露义务则并未建立完善的制度。

《证券公司监督管理条例》（以下简称《条例》）关于投资顾问的相关规定主要有以下几个方面。第一，《条例》第30条规定，证券公司从事资产管理业务应向投资者明确解释相关业务规则及合同内容。第二，《条例》第31条规定，证券公司从事资产管理业务应向投资者披露对账单。第三，《条例》第46条规定了证券公司从事资产管理业务的禁止事项，如明确规定不得进行自我交易与关联交易，避免利益冲突。虽然证券公司从事资产管理业务与投资咨询服务不同，但在智能投顾业务中，智能投顾运营者接受投资者全权委托代其从事资产投资服务的实质就是资产管理业务，因此《条例》上述规定亦应适用于智能投顾运营者。但《条例》仅对证券公司从事资产管理业务

第四章　智能投顾模式中信义义务履行的主要保障路径

的勤勉义务及忠实义务进行了规定，并未建立完善的信息披露制度。

《证券投资顾问业务暂行规定》（以下简称《规定》）对证券投资顾问业务进行了较为全面的规定，关于投资顾问义务的规定主要有以下几个方面。第一，《规定》第3条规定，从事投资顾问业务应加强合规管理，防范利益冲突。第二，《规定》第4条、第5条分别对投资顾问的勤勉义务和忠实义务进行了明确规定。但《规定》并未建立完善的投资顾问信息披露制度。

为适应我国资产管理业务的快速发展，满足社会民众对投资的需求，规范金融机构资产管理业务，有效防控金融风险，2018年4月27日，中国人民银行、中国银保监会、中国证监会、国家外汇管理局联合发布《关于规范金融机构资产管理业务的指导意见》（以下简称《意见》），对智能投顾业务进行了初步规定，主要有以下几个方面。第一，《意见》第8条规定了金融机构应当办理与受托财产管理业务活动有关的信息披露事项。第二，《意见》第11条明确规定了对资产管理产品进行投资的应进行充分的信息披露。第三，《意见》第12条针对不同的投资理财产品规定了不同的信息披露规则，建立了较为完善的信息披露制度。第四，《意见》第23条具体针对智能投顾进行了原则性规定，并且明确提出智能投顾运营者在资产管理业务中，应充分履行信息披露义务，并规定了智能投顾运营者向投资者提示人工智能算法风险的义务。迄今为止，《意见》对智能投顾开展资产管理业务的规定最为全面、最具有针对性，并对智能投顾运营者的信息披露义务作出了一些规定，但这些规定原则性较强，且未充分体现智能投顾业务的特殊性。

在我国，智能投顾经过数年的发展已经有了一定规模。当前，我国尚未制定出针对智能投顾业务的专项法律规定，仍需要适用关于传统证券投资咨询机构的规定。虽然智能投顾本质仍未脱离投资顾问的范畴，但还应看到智能投顾因人工智能技术的引入相对于传统投资顾问更显特殊性，关于传统投资顾问的法律法规已无法满足智能投顾的发展需要，尤其是现行法律关于投资顾问信息披露的规定已无法满足智能投顾模式信息披露的要求。因此，当前亟须对智能投顾的特殊性展开深入研究，分析智能投顾模式信息披露存在的问题，重构智能投顾的信息披露制度。

（二）智能投顾信息披露存在的问题

智能投顾法律规制的核心是确保智能投顾对投资者履行信义义务。[①] 智能投顾作为投资顾问领域新兴的产业模式，有效提高了投资顾问的服务效率，降低了投资服务成本，增强了金融普惠性。但智能投顾本质依然属于投资顾问，依然应当对投资者承担信义义务，其承担信义义务的基础便是要加强智能投顾运营者的信息披露。但由于人工智能、互联网、大数据等科技的引入，智能投顾更具特殊性，投资顾问关系更显复杂化，运营模式也更加隐蔽，并且带来了新的利益冲突风险。前文已述，当前我国对于智能投顾的专门立法尚处于空白，并且关于投资顾问的信息披露尚未建立完善的法律体系，这在实践中对智能投顾的信息披露提出新的挑战。

1. 算法披露不充分

智能投顾与传统投资顾问模式的不同在于，使用人工智能技术为投资者提供投资咨询服务，智能投顾的核心是背后的算法。智能投顾通过算法模拟人脑进行思考，通过设计算法假设、建立投资理财算法模型，以及算法深度学习，智能投顾能够像人一样为投资者提供个性化的投资服务。智能投顾在为投资者提供投资咨询服务时，通过大数据分析，能够快速、准确地检索到与投资者基本信息（收入情况、资产情况、投资风险偏好、投资目标等）相符的投资信息，并通过算法学习等技术对信息进行处理，然后通过各类投资理财模型和算法假设进行数据分析，最终生成符合投资者基本情况的投资建议。[②] 智能投顾引入人工智能、大数据等技术为投资者提供个性化投资服务，降低了投资顾问经营成本，有利于克服人工投资顾问的不理性问题，满足了长尾用户的需求。但智能投顾提供的建议实际由平台背后的算法生成，在监管不到位的情况下，大部分智能投顾运营者并未全面披露算法假设、投资理财模型、算法函数等信息，这将导致智能投顾运营者通过算法设计，故意制

[①] John Lightbourne, "Algorithms & Fiduciaries: Existing and Proposed Regulatory Approaches to Artificially Intelligent Financial Planners," *Duke Law Journal*, Vol. 67, Issue 3（December 2017）, p. 653.

[②] 李文莉、杨玥捷：《智能投顾的法律风险及监管建议》，《法学》，2017年第8期。

造算法偏好和算法歧视进而侵犯投资者利益。① 此外，由于智能投顾科技性较强，其背后的算法设计、投资模型、算法函数等事项对投资者而言无疑属于科技"黑箱"，并且在监管缺位的情况下可能导致智能投顾较高的技术壁垒，甚至别有用心的人打着"智能投顾"的旗号进行诈骗。因此，关于智能投顾的算法，不仅需要简单的信息披露，更需要对信息披露方式进行严格规定，避免信息披露流于形式。

2. 利益冲突披露不充分

在传统的投资顾问业务中，投资顾问可能基于自身利益考量，在未经投资者同意的情况下利用信息优势进行自我交易或关联交易，从而引发投资者与投资顾问之间的利益冲突。在智能投顾模式中，人工智能技术的引入使得智能投顾运营者与投资者之间的利益冲突更加多元化、复杂化，互联网技术的应用使得投资者与智能投顾运营者及其他参与主体处于一种虚拟的空间，加上人工智能的高科技性，三者之间的利益冲突更为隐蔽，投资者往往难以察觉。在信息披露机制不健全、监管缺位的情况下，智能投顾运营者极可能利用自身优势作出侵害投资者利益的行为。在智能投顾模式中，利益冲突主要表现在以下几个方面。一是智能投顾运营者与投资者进行自我交易。在智能投顾运营者同时具备投资顾问资质和金融产品销售资质时，智能投顾运营者可能通过技术手段向投资者推荐其自营的金融产品，以此获得更多收益。二是智能投顾运营者与具体保管客户资产者及相关经纪商之间的利益冲突。我国现行立法对资本市场采取审慎的监管态度，要求金融机构从事金融活动需要具有相应的资质，但由于部分金融机构尚未取得相应资质，因此其只能同具有相应资质的金融机构合作，如此具有相应资质的金融机构在开展智能投顾业务时便可能通过算法设计建议投资者购买与其有关联的金融机构销售的理财产品，从而导致利益冲突。三是智能投顾运营者与智能投顾算法的研发者、生产商之间的利益冲突。智能投顾科技含量高，投资咨询公司难以自己设计生产，其算法的研发往往由专业的第三方进行并由专门的生产商负责

---

① 郭雳、赵继尧：《智能投顾发展的法律挑战及其应对》，《证券市场导报》2018年第6期。

生产。在智能投顾的研发生产中,生产商负责依照一定的型号要求进行生产,并不参与算法的研发,但其毕竟与智能投顾运营者、算法的研发者存在利益关系,依照相关法律规定仍属于关联方。智能投顾的核心是算法设计、模型构建等,在智能投顾运营者将算法研发外包给第三方科技公司时,二者存在利益关系,甚至二者可能存在不当的利益输送,导致算法研发者在设计算法时通过技术手段造成算法偏好或算法歧视,并披着技术的合法外衣故意制造利益冲突,损害投资者利益。智能投顾引入人工智能技术所引发的上述利益冲突不同于传统投资顾问模式中存在的利益冲突,涉及主体更为广泛、冲突形式更为隐蔽,使得现行信息披露制度已经无法满足需求。为防范智能投顾中的利益冲突、保护投资者合法权益,应进一步建立和完善智能投顾信息披露制度。

三 智能投顾信息披露制度的重构

信息披露一直是资本市场监管的重点,智能投顾进行的信息披露不仅能够为投资者在决策时提供参考,更是监管机构加强智能投顾监管的前提和基础。智能投顾作为新一轮科技革命的成果,是推动资本市场发展的重要动力,同时智能投顾运营者与投资者之间严重的信息不对称需要公权力的适当干预,需要强制规定智能投顾运营者信息披露义务。尽管智能投顾提供投资建议的方式与传统投资顾问不同,但智能投顾受到监管的方式与传统投资顾问并无不同。根据美国《1940年投资顾问法》,投资顾问只有在充分披露信息,避免利益冲突,并从客户的最大利益出发时,才能履行其受托责任。[①]

(一)智能投顾模式信息披露原则

1. 兼顾投资者与智能投顾运营者利益

美国作为智能投顾发展较为成熟的国家之一,关于智能投顾的法律制度相对较为成熟。关于智能投顾运营者的信息披露,美国SEC出台了《关于智能投顾的指引更新和投资者公告》,指出在规制智能投顾运营者信息披露的

[①] Steven D. Irwin, Scott A. Lane, Carolyn W. Mendelson, Wasn't My Broker Always Looking Out for My Best Interests? The Road to Become a Fiduciary, 12 DuQ. Bus. L. J. 41, 59 (2009).

第四章 智能投顾模式中信义义务履行的主要保障路径

过程中，要做到保护投资者知情权和保护智能投顾算法核心科技的平衡。① 在智能投顾业务中，防止智能投顾运营者通过自我交易、关联交易或利用算法设计等损害投资者利益是强制其进行信息披露的重要原因。但智能投顾运营者作为一个独立的经济主体，在法律上具有独立的法人地位，其合法的财产利益亦应受到法律的保护。智能投顾背后的算法设计、算法函数、投资模型均属智能投顾运营过程中的商业秘密，同样应受法律的保护。因此，在构建智能投顾信息披露制度时，应兼顾保护投资者知情权与保护智能投顾商业秘密，实现二者的协调。

2. 强制性与自愿性相结合

当前，我国关于智能投顾的专门立法尚处于空白，智能投顾仍采用传统投资顾问的信息披露规则，这就导致传统的信息披露制度无法满足智能投顾信息披露的要求，造成智能投顾运营者未能进行全面、充分的信息披露。智能投顾运营者全面、充分披露经营信息需要一定的人力、物力成本，并且智能投顾运营者在意欲通过关联交易、自我交易等方式作出侵犯投资者利益的行为时，将不愿进行信息披露。因此，仅仅依靠智能投顾运营者自愿进行涉及投资者利益事项的信息披露在实践中难以行得通。从理论上分析，促使智能投顾运营者进行信息披露的因素是多重的，但主要因素如下。一是投资者的关注程度。在智能投顾模式中，投资者作为智能投顾运营者的甲方（客户），在资本市场竞争如此激烈的今天，投资者便是"上帝"，智能投顾运营者为了获取更多客户，将会满足投资者的合理需求，以免客户流失。二是政府公权力的介入。② 在我国社会主义市场经济中，市场在资源配置中起决定性作用，同时应更好地发挥政府的服务作用，市场经济尊重市场主体的自由，并主张适当的干预。政府干预是把双刃剑③，如何理解"适当"是政府干预的前提。笔者认为，应遵循"法无禁止即可为"的原则，只有在市场主体行使自由权对国家、社会或他

---

① 潘冠羽：《智能投顾模式下对信义义务的重构》，《公共财政研究》，2019年第3期。
② 冯果：《企业社会责任信息披露制度法律化路径探析》，《社会科学研究》，2020年第1期。
③ 董仁周：《经济法适度干预的主要缺陷与修治路径》，《山东社会科学》，2010年第6期。

智能投资顾问中的信义义务

人产生不利影响时，国家才有必要出面干预。在智能投顾中，智能投顾运营者利用信息不对称进行自我交易、关联交易损害了投资者的利益，因此公权力有必要介入，强制智能投顾运营者公开相关信息。此外，鉴于我国投资者权利意识的不断提高，有必要鼓励和引导智能投顾在遵守法律规定的前提下作出更为全面、充分的信息披露，以此吸引更多的客户。

（二）智能投顾模式下对信息披露的要求

1. 信息披露的内容应全面、准确

全面、准确是对智能投顾运营者信息披露的要求。只有信息公开，才能有效避免智能投顾运营者的徇私舞弊行为。20世纪初，美国大法官布兰迪斯（Louis Brandeis）有句名言，阳光是最有效的防腐剂，灯光是最能干的警察。这句话说明了充分、准确的信息公开对保护投资者利益、实现智能投顾行业健康发展的重要意义。[①] 信息披露是证券市场公开原则的核心，亦是避免智能投顾运营者自我交易、关联交易的重要法宝。美国SEC发布的关于智能投顾的监管指南对信息披露有如下规定。一是声明算法仅适用于管理个人客户账户，披露算法函数、算法假设，披露使用算法来管理客户账户所固有的特定风险。二是披露任何参与算法研发、管理的第三方主体的相关信息，披露智能投顾直接向投资者收取的所有费用以及投资者可能需要承担的一切费用，披露智能投顾公司对投资者账户监督和管理人员参与度，披露智能投顾投资组合的生成原理。

美国作为智能投顾发展较为成熟的国家之一，法律规制较为完善，在重构我国智能投顾信息披露制度时，应借鉴美国关于智能投顾信息披露的做法。进行智能投顾信息披露，应遵循全面、准确的原则。信息披露的全面性要求智能投顾运营者向投资者披露的信息全面、充分，应将涉及投资者利益的有关信息全面向投资者披露。在公开的信息内容方面，既要公开正面的信息，同时更要公开负面的信息，不能有所隐瞒，因为负面信息往往对于投资者的决策更为重要。在智能投顾业务中，智能投顾运营者应充分披露算法的

[①] 施天涛：《商法学》，北京：法律出版社，2018，第242~243页。

相关信息,在守住不侵犯商业秘密底线的前提下,智能投顾运营者除需要披露理财产品历史收益率、风险等级、涨跌幅以及发行人等信息,更应全面披露智能投顾算法、算法假设、算法存在的风险、投资组合生成原理、参与算法研发管理的第三方以及人工参与账户管理等信息。此外,智能投顾运营者还应充分披露相关产品信息,全面披露其与证券经纪商的关系,以及自营的产品信息,避免利益冲突。信息披露的准确性要求智能投顾运营者在信息披露中遵循实事求是的原则,对于重要的数据、参数、算法模型等信息应确保准确无误,在用语方面尽量客观、中性,不得采用带有歧义、模糊不定的语言表述,避免误导投资者。

2. 信息披露应及时、易懂

智能投顾不同于传统的投资顾问,在信息披露时除应对披露内容进行完善外,还应进一步完善披露的方式。无论投资者是基于短期投机主义还是长线投资,投资者参与资本市场投资活动均是为了获取收益。信息披露的及时性是指智能投顾运营者在遇到涉及投资者切身利益的信息时应及时向投资者提示,以让投资者及时调整投资决策。[1] 在资本市场上,证券交易瞬息万变,时间就是金钱,恰当的交易时机往往转瞬即逝,若智能投顾运营者信息披露不及时,将导致投资者无法及时获取相应信息并作出正确的投资决策。因此,智能投顾运营者信息披露应强调及时性。此外,信息披露的及时性还应考虑披露的方式,对于涉及投资者切身利益的信息,智能投顾运营者应及时采取短信、电话等方式向投资者告知,确保投资者知悉。在智能投顾模式中,人工智能技术对于投资者而言是科技"黑箱",即使智能投顾运营者将算法函数、投资模型等信息向投资者充分披露,投资者也会由于知识水平有限,未必能充分理解真实内涵,让信息披露流于形式。对此,智能投顾运营者在向投资者进行信息披露时应确保披露的信息能被投资者理解,即易懂。如何判断是否易懂,则应以普通投资者的理解能力为标准,在智能投顾运营

---

[1] 郑楠、王志萍、韦金玉:《上市公司财务报告披露的及时性探究》,《中外企业家》,2014年第11期。

者披露的信息能为普通投资者所理解时，则可视为其已履行了信息披露义务。为此，建议智能投顾运营者采取流程图方式向投资者说明智能理财的投资流程，采取"语音＋图像"方式介绍智能投顾生成投资组合原理，采取视频、模型等方式向投资者展示算法相关信息。

3. 智能投顾的持续性信息披露

智能投顾不同于传统投资顾问，其通过人工智能算法自动生成投资建议，但投资者对这种投资建议的生成过程一无所知，这就需要智能投顾运营者对投资者履行信息披露义务。哈耶克（F. A. Hayek）曾言，人类通过作出特定的决策进行社会资源的配置，然而，人类的这种决策的作出需要一定的信息。[①] 前文针对智能投顾信息公开的原则、内容及方式的要求进行了分析。但从投资者委托智能投顾运营者理财到智能投顾平台为投资者提供投资咨询服务再到投资者与智能投顾运营者解除合同关系是一个较为漫长的过程，这段时间智能投顾运营者的信息公开应当持续进行，整个过程的信息公开便是持续性信息披露。[②] 在智能投顾模式中，智能投顾运营者的信息披露可以分为两个阶段。一是投资者与智能投顾运营者签订合同时的信息披露，该阶段智能投顾运营者为了让投资者知悉其经营模式，为获取投资者信任而进行信息披露；二是投资者与智能投顾运营者签订合同后，智能投顾为投资者提供投资咨询服务时的信息披露，该阶段便是此处要分析的需要进行持续性信息披露的阶段。在智能投顾为投资者提供投资咨询服务过程中，智能投顾运营者难免会不断调试、更新算法函数、投资模型，以确保智能投顾能够为投资者提供更为科学化、个性化的投资建议。在此过程中，智能投顾运营者的交易关联方亦有可能发生变更。因此，持续性信息披露涉及投资者切身利益，应加强智能投顾持续性信息披露。此外，智能投顾持续性信息披露具有以下积极意义。一是提高投资者信任度。智能投顾运营者在提供投资咨询服务过

[①] 谢清喜：《我国上市公司信息披露的有效性研究》，北京：中国农业大学出版社，2006，第20页。

[②] 施天涛：《商法学》，北京：法律出版社，2018，第263页。

第四章 智能投顾模式中信义义务履行的主要保障路径

程中不断进行信息披露，可以让投资者不断加深对其认识和了解，让投资者实时掌握智能投顾为自己提供投资咨询服务的状况，提升投资者对智能投顾运营者的信任度。二是有利于维护投资者的合法权益。在智能投顾提供投资咨询服务的过程中，若智能投顾运营者更新算法函数、变更关联第三方，但未向投资者披露相关信息，则将为智能投顾运营者进行自我交易、关联交易留下隐患。三是有利于监管机构对智能投顾的监管和指导。监管机构可以依据智能投顾运营者披露的信息，科学制定监管政策和规则，引导智能投顾运营者的经营行为符合国家产业政策和社会发展的需求，并且可以及时发现智能投顾存在的问题，及时进行风险防控，推动智能投顾行业的规范发展。

新加坡证券交易所是国际上发展较为成熟的证券市场，信息披露制度较为完善。为了规范证券发行人及其他市场参与主体的信息披露义务，确保证券市场的高效运作，新加坡《证券期货法案》规定了证券期货发行人的持续性信息披露义务。新加坡关于证券市场持续性信息披露主要有四大原则。一是实质性信息披露原则。新加坡《证券期货法案》明确了实质性信息的认定标准并列举了实质性信息的大致范围。同时，为了解决某项信息对该发行人是实质信息但对其他发行人则可能为非实质信息的难题，建立了信息实质性判断规则。二是公平披露原则。证券市场具有严重的信息不对称问题，信息的不对称往往带来证券市场的不公平，证券市场必须确保公平，保护投资者的知情权，确保中小股东与大股东能够获得平等的知情权。为此，新加坡证券交易所规定，信息披露义务主体在信息披露时不能因信息披露的不公平导致某些主体处于优势地位。三是披露渠道法定主义。为使所披露信息更易为投资者所获取并提高信息披露的权威性，新加坡相关法律要求信息披露义务主体除采取其他披露渠道外，还应在证券监管部门规定的网站上发布相关信息。四是强制性与自愿性相结合。为了避免强制性信息披露的不足，避免遗漏相关信息，新加坡鼓励信息披露义务主体自愿进行信息披露。[①] 我国在重

---

① 陶一鸣、张昊：《新加坡证券市场持续性信息披露的基本准则》，《特区经济》，2006年第10期。

智能投资顾问中的信义义务

构智能投顾信息披露制度时，亦可以借鉴新加坡关于证券市场持续性信息披露的措施，以完善我国智能投顾信息披露制度。

前文关于智能投顾运营者信息披露的内容要求和方式要求，亦应适用智能投顾运营者的持续性信息披露要求。在遵循前述智能投顾运营者信息披露要求的基础上，借鉴新加坡持续性信息披露制度，我国智能投顾运营者在持续性信息披露中还应进行以下几个方面的完善。首先，依照智能投顾信息披露内容的全面性要求，建立智能投顾持续性信息披露内容正面清单制度。其次，完善信息披露渠道，明确要求智能投顾运营者应在其官方网站详细公布相关信息。最后，建立智能投顾运营者持续性信息披露保障制度。一是建立投资者知情权纠纷解决机制。在今后智能投顾的立法中，应明确规定投资者有权查阅智能投顾理财产品历史收益率、风险等级、涨跌幅以及理财产品发行人相关信息，有权请求智能投顾运营者向其提供具有关联交易关系的经纪商信息及自营产品信息；明确规定投资者有权书面请求智能投顾运营者向其公开智能投顾算法函数、投资模型、算法研发者、算法存在的风险、投资组合生成原理等信息，并说明目的。若智能投顾运营者以投资者可能存在不正当目的、可能损害智能投顾运营者合法权益为由而拒绝提供，投资者有权请求人民法院要求智能投顾运营者提供。二是建立信息披露第三方评估制度。由于智能投顾背后的算法对投资者而言属于科技"黑箱"，[1] 为智能投顾运营者在披露算法等专业性信息时弄虚作假提供了便利，因此有必要引入第三方评估制度，对智能投顾算法假设、算法函数、投资模型、投资产品的信息进行第三方评估，以确保信息披露的真实性。四是强化违反信息披露义务的民事责任。智能投顾运营者违反信息披露义务应承担相应的行政责任，因为信息披露不全面、不准确、不及时等造成投资者利益损害的也应承担相应的民事责任。

---

[1] 徐凤：《人工智能算法黑箱的法律规制——以智能投顾为例展开》，《东方法学》，2019年第6期。

第二节 智能投顾信义义务履行保障路径之二：信义义务监管

一 智能投顾信义义务监管理论基础分析

（一）国家治理体系和治理能力现代化

2019年10月31日，中国共产党十九届四中全会通过《中共中央关于坚持和完善中国特色社会主义制度 推进国家治理体系和治理能力现代化若干重大问题的决定》（以下简称《决定》）。《决定》指出，国家治理体系和治理能力是中国特色社会主义制度及其执行能力的集中体现。随着生产力的提高，社会经济的发展，现代国家治理的内涵已经发生相应的变化。当今国家治理不光表现为一个国家政治权力的配置和运行，还涉及维护社会民众的切实利益。我国是社会主义国家，一切权力属于人民，人民是国家主人。在我国，国家治理应将实现好、发展好人民的根本利益作为一切工作的出发点和落脚点。回顾历史，新中国成立以来，我国从一穷二白到现在能够屹立于世界民族之林，靠的便是我国先进的国家治理方式。资本市场作为我国市场经济的重要组成部分，资本市场的治理同样是国家治理的重要组成部分。《宪法》规定了我国的基本经济制度，坚持走社会主义市场经济的发展道路，要求积极发挥国家对市场经济的宏观调控作用，实现我国市场经济健康发展。

推进国家治理体系和治理能力现代化是实现我国社会主义现代化目标和中华民族伟大复兴中国梦的重要举措。经济基础决定上层建筑，推进国家治理体系和治理能力的现代化不仅需要"放管服"简政放权等行政权力方面的改革，更需要推动我国社会主义市场经济的现代化，加快推进我国社会主义市场经济体系的现代化是推动国家治理体系和治理能力现代化的重要举措。[1]金融是经济的血液，资本市场作为我国市场经济的重要组成部分，发挥着资

---

[1] 张申：《国家治理与现代化经济体系辩证关系解析》，《上海经济研究》，2020年第5期。

智能投资顾问中的信义义务

金融通、资源配置的重要作用。[①] 智能投顾作为资本市场的新兴业态,在激发投资、培育良好的投资理财理念、满足长尾客户的金融服务需要等方面具有重要作用。因此,加强智能投顾信义义务的监管是推进我国现代化经济体系建设的重要内容之一,是推动国家治理体系和治理能力现代化的重要一环。

智能投顾作为资本市场投资活动的创新方式,是"科技+金融"的完美结合,有效提高了金融服务效率,降低了金融服务成本,使得大量长尾客户能够获得相应的金融服务。但金融市场是高风险市场,需要国家加强治理。前文已述,在智能投顾业务中,投资者委托智能投顾运营者为其提供投资建议,投资者基于对智能投顾的信任将资产交付智能投顾管理,智能投顾运营者对投资者负有信义义务。加强智能投顾信义义务的履行主要有两种措施:一是依靠国家力量,通过国家公权力加强监管;二是依靠智能投顾运营者内心的商业道德。但智能投顾作为独立的市场经济主体,以营利为目的,一旦智能投顾运营者的利益与投资者利益发生冲突,智能投顾运营者不免会为了自身利益最大化而侵害投资者利益。因此,仅仅依靠自律难以令智能投顾运营者忠实履行信义义务。相反,国家具有组织社会主义市场经济建设职能,加强智能投顾监管是国家履行职能的体现。在十九届四中全会明确提出要推进国家治理体系和治理能力现代化之际,加强智能投顾信义义务监管,是完善我国资本市场治理、保护投资者合法权益的难得契机。党的十八届四中全会提出全面推进依法治国,国家治理体系和治理能力的现代化需要法治的力量,运用法治思维、法治方法实现国家治理的现代化。[②] 同样,在智能投顾治理方面,强化智能投顾运营者的信义义务不能仅靠智能投顾运营者的商业道德约束和商誉的内在激励,还需要国家法治的力量,运用法治理念和法治思维加强对智能投顾运营者信义义务的监管。

---

① 郑保安:《我国证券市场的重新定位与功能再审视》,《山东金融》,1999年第9期。
② 潘伟杰:《从现代性与中国性论国家治理的中国观》,《复旦学报》(社会科学版),2020年第1期。

第四章　智能投顾模式中信义义务履行的主要保障路径

（二）国家安全

在党的十九大上，习近平总书记指出国家安全是安邦定国的重要基石，维护国家安全是全国各族人民根本利益所在。国家安全涉及一个国家的基本利益问题，指的是一个国家没有危险的事实状态，从外部而言，指一个国家没有外来的侵害，从内部而言，指一个国家没有内乱的一种客观状态。国家安全包括国民安全、领土安全、主权安全、政治安全、经济安全等 11 个方面的内容。在一个国家的安全体系中，国民安全、政治安全、经济安全等各个安全子系统是相对独立的，同时这 11 个安全子系统又是相互联系、相互作用的。经济基础决定上层建筑，在这 11 个安全子系统中，经济安全涉及国家安全的方方面面，在国家安全中起着基础性作用。经济安全是一个国家国民安全、领土安全、政治安全的基石。20 世纪 80 年代开始，世界范围内经贸往来日益增加，各国之间经贸日益频繁，经济安全在一个国家安全体系中的重要性日益凸显。

经济安全直接关系到一个国家的经济主权问题，经济安全是一个国家安全的基础。但在经济安全子系统中，经济安全亦是一个包含各种经济因素在内的综合体。在经济安全子系统中，金融安全不仅对一个国家金融市场的安全运行产生重要影响，同时对一个国家的经济安全产生重要影响。关于金融安全在一个国家经济安全系统中的地位，学界有不同的观点。第一种观点认为，金融安全是一个国家经济安全的重要组成部分；第二种观点认为，金融安全不仅是一个国家经济安全的重要组成部分，同时在一个国家经济安全体系中处于核心地位。[1] 金融作为工业的血液，在一个国家中起着融通资金、配置社会资源的重要作用。随着经济全球化水平日益提高，金融创新力度的不断加大，国家的金融开放程度将不断加深。由于国际经济形势复杂多变，在一国金融不断开放的过程中，金融安全日益受到来自世界各国的风险的影响，随着国际经贸往来日益密切，一个国家的金融受另一个国家经济的影响日益加深，金融安全日益成为一个国家的重要安全问题。关于金融安全在一

---

[1]　顾海兵、张安军：《国家经济安全中的金融安全地位研究》，《学习与探索》，2012 年第 4 期。

智能投资顾问中的信义义务

个国家中的重要地位，习近平总书记曾指出，金融安全是国家安全的重要组成部分，是经济平稳健康发展的重要基础。[①] 金融不仅涉及一个国家货币资金的融通，更是一个国家经济权力的象征。在国际经贸往来中，一个国家的金融权关涉该国在国际经贸中的地位，谁掌握了世界经济的金融权，谁就将在国际经贸往来中占据主导地位。[②] 因此，维护一国的金融安全便是维护一国的经济安全，维护好一国的经济安全将是对一国国家安全最重要的保障。

投资顾问机构作为金融市场中的服务机构在促进投资、便利企业融资、推动我国金融市场健康发展中起到了重要作用。智能投顾引入人工智能技术，通过智能算法自动为投资者提供个性化的投资咨询服务，对推动金融市场创新发展具有重要意义。但智能投顾作为一种新的金融创新模式，在我国智能投顾立法供给不足、智能投顾模式信义义务体系尚不健全的情况下，很容易因创新带来经济秩序的混乱。此外，在智能投顾的发展中，由于智能投顾运营者与投资者之间利益冲突的存在，在智能投顾运营者信息披露不全面、不充分的情况下，投资者无法对其进行有效监督，智能投顾运营者极易利用信息优势作出损害投资者利益的行为，使投资者对智能投顾这一新兴行业产生不信任感，不利于智能投顾行业的持续发展。此外，在智能投顾模式中，投资者与智能投顾运营者之间存在严重的不对等关系，[③] 投资者需要依赖智能投顾的专业投资建议管理资产，在国家对智能投顾监管不足的情况下，智能投顾运营者可能利用投资者的信任违法开展业务，极易引发金融风险。因此，为防范系统性金融风险，守住金融安全底线，维护国家经济安全，确保国家安全，应加强对智能投顾的法律监管。

（三）"放管服"改革

一个国家的经济体制大致可归纳为三种。一是由国家行政权力支配控制的计划经济体制。例如，我国社会主义"三大改造"完成后到党的十一届三

[①] 《习近平主持中共中央政治局第四十次集体学习》，中国政府网，2017年4月26日，http://www.gov.cn/xinwen/2017-04/26/content_5189103.htm?allcontent。
[②] 万喆：《金融安全的全维度》，《中国金融》，2017年第10期。
[③] 李晴：《智能投顾的风险分析及法律规制路径》，《南方金融》，2017年第4期。

第四章 智能投顾模式中信义义务履行的主要保障路径

中全会前的计划经济时期。二是在自由经济主义理论指导下的自由市场经济体制。例如，1929年美国经济危机时的胡佛政策。三是遵循市场在资源配置中的主导作用，同时积极发挥政府宏观调控作用的市场经济体制。例如，我国当前所提出的坚持市场在资源配置中起决定性作用，同时发挥政府的服务作用。一个国家经济的运行模式主要体现在政府和市场的关系上，我国从建国以来的计划经济到现在的市场经济就是一个在市场中政府权力逐渐弱化、市场机制逐渐加强的过程。党的十八大以来，我国关于如何处理政府与市场关系的研究不断深入，从市场在资源配置中起基础性作用，积极发挥政府的宏观调控作用，到推动市场在资源配置中起决定性作用，积极发挥政府的服务作用，到2015年国务院电视电话会议首次提出"简政放权、放管结合、优化服务"的"放管服"改革。几十年来，我国关于经济改革的重大调整体现了我国经济体制不断优化，国家日益注重市场主体的自主创造性，不断释放经济活力。

近些年，"放管服"改革不断深入推进，这对协调好政府与市场在我国社会主义市场经济中的角色定位提供了指导，对理顺政府、市场与社会之间的关系，释放市场活力，激发市场主体的创造力提供了重要支撑。[1] "放管服"中的"放"即要求中央政府行政权力的下放，减少没有法律依据和法律授权的行政权，厘清各个行政部门行政权划分，避免出现多头执法、重复执法及执法空白的情形；"管"则要求政府部门应依法履行其组织经济建设等职责，加强市场监管体制改革，创新监管理念，提高监管能力，不断推进市场监管能力的现代化；"服"即要求政府坚持科学发展观，落实以人为本的发展理念，积极转变政府职能，加快建设法治化、服务型政府。"服"即服务，需要政府正确认识手中的行政权，行政权来源于人民，则应更好地服务人民，行政权的权力不是一种具有控制、支配力的权力，而应当是一种具有服务、能够满足人民需求的权力。在社会主义市场经济中，"服"需要政府减少不当的行政干预，减少各项行政审批手续，由管制型政府向服务型政

---

[1] 成协中：《"放管服"改革的行政法意义及其完善》，《行政管理改革》，2020年第1期。

府转变,为激发市场的创造性提供便利,甘做"店小二",不断优化政务服务。① 在持续深入推进"放管服"改革之际,创新智能投顾监管体制改革,加强智能投顾信义义务监管理念和监管方式的创新,对防范金融风险、保护投资者合法权利、实现金融市场监管能力的现代化具有重要作用。

智能投顾作为一种创新金融服务模式,以"放管服"加强对智能投顾监管的理论支撑,首先应科学、正确理解"放管服"的深刻要义。"放、管、服"三者是一个相互联系的有机整体。在"放"与"管"之间,简政放权并不等于自由放任、无为而治,简政放权是减少政府对市场的不当干预,减少事前审批,让政府将更多精力放在对市场的事中、事后监管上。② 在解决"放"与"管"的关系上,要充分考虑智能投顾创新性与风险性并存的特征,要将"放"与"管"结合起来,做到放管结合、放管并举。③ 对于智能投顾引入人工智能、大数据等高科技手段应大胆放权,同时应将"服"纳入进来,政府应采取积极措施为智能投顾的创新提供便利,激发智能投顾运营者的创新精神。对于智能投顾因引入人工智能技术产生的对传统投资顾问信义义务的挑战,应创新监管理念,加强智能投顾监管改革,防范系统性金融风险,保护投资者合法权益。

二 智能投顾信义义务监管的必要性分析

党的十九大报告指出:"健全金融监管体系,守住不发生系统性金融风险的底线。"智能投顾自引入我国以来,因低成本、低投资门槛、方便快捷等,获得了迅速发展。但智能投顾因大数据、人工智能技术不断深入应用,导致虚拟空间中金融风险的扩散升级。新时代智能投顾风险与传统互联网金融理财风险相比,既有互联网自身存在的原始风险,还包括在大数据、人工智能不断深入应用环境下,虚拟空间中金融风险的扩散升级。

---

① 高电玻:《"放管服"改革要做好"加减乘除"》,《人民论坛》,2018 年第 5 期。
② 张定安:《深化"放管服"改革,优化营商环境》,《中国行政管理》,2020 年第 2 期。
③ 沈荣华:《推进"放管服"改革:内涵、作用和走向》,《中国行政管理》,2019 年第 7 期。

对于投资者而言,由于信息化、智能化技术的不断深入应用,识别理财产品质量的难度愈发提高。智能投顾系统性风险较之传统金融风险也有诸多不同,主要表现为:风险更具隐蔽性、综合理财平台监管不足导致的综合风险隐患、监管信息化配套设施不足等。面对如何保护投资者合法权益、防范智能投顾系统性风险爆发等问题,创新智能投顾信义义务的法律监管制度实属必要。

(一)防范金融风险

智能投顾的兴起引发了人们对智能投顾对整个金融体系稳定性影响的诸多担忧。[①] 这些担忧与智能投顾行业的结构、智能投顾公司的运作方式以及智能投顾引入市场的特定创新密切相关。智能投顾引入人工智能技术降低了经营成本,使得投资顾问服务更加具有普惠性。但是,在分享智能投顾所带来的红利的同时,亦应看到智能投顾本身存在的风险,尤其是智能投顾运营者违反信义义务所导致的风险。智能投顾引入人工智能、大数据、互联网等技术,使得这些风险相较于传统投资顾问更有特殊性。首先,"科技+投资顾问"的融合模式使得智能投顾运营者违反信义义务的情形更加隐蔽,通常难以被投资者或监管部门发现。例如,智能投顾运营者利用算法歧视,引导投资者购买与其有利益输送的产品供应商提供的产品,或对投资产品的属性做虚假描述,将高风险产品描述为低风险产品并与投资者相匹配,损害投资者利益。同时,智能投顾引发了金融的混业经营,[②] 致使风险叠加。其次,我国对投资顾问有严格的资质要求,加上智能投顾业务范围较为广泛,不仅包括向投资者提供投资理财建议,并且包括向投资者提供资产管理服务。因此在智能投顾缺乏相应的资质时,其会通过公司合并等方式寻求与第三方的合作,这就导致智能投顾相较于传统投资顾问模式在法律主体上更加多元,法律关系更为复杂,多元主体并存将会存在产生更多利益冲突的可能性。最

[①] 杨东:《论金融领域的颠覆创新与监管重构》,《人民论坛·学术前沿》,2016年第11期。
[②] 舒心:《新时代我国金融监管体制变革:回顾、反思与展望》,《中国地质大学学报》(社会科学版),2019年第1期。

智能投资顾问中的信义义务

后，互联网技术的引入使得智能投顾运营者因违反信义义务所造成的后果影响更为广泛，甚至可能引发系统性金融风险。在传统投资顾问业务中，投资者与投资顾问是一对一的合同关系，纵使存在一定的风险，该风险的影响范围通常也容易得到控制。在智能投顾模式下，由于智能投顾所涉及的投资理财产品主体更加多元，并且不同主体之间形成了以智能投顾平台为核心的网状结构，网状结构上的任一主体存在风险，则这种风险将迅速蔓延，并波及其他主体。[①] 同时，互联网中各种风险传播速度更快，并且影响范围难以控制。

智能投顾作为金融投资领域的"科技+金融"创新范例，其在创新发展中，亦不断产生各种新的风险，防范智能投顾因创新所产生的风险，保护投资者的利益，促进智能投顾行业健康发展，不仅需要苛以智能投顾运营者信义义务，还需加强对智能投顾运营者履行信义义务的监管。在智能投顾发展过程中，与智能投顾运营者履行信义义务有关的风险主要体现在以下几个方面。首先，信用风险。前文已述，智能投顾本质上仍属于投资顾问，投资者基于对投资顾问的信任委托投资顾问代其投资理财，并根据投资顾问的投资建议作出投资决策，因此，投资顾问对投资者负有信义义务。同理，智能投顾运营者与投资者之间也存在信义关系。但由于我国关于智能投顾信义义务的法律规定不完善，监管无法跟上智能投顾发展的步伐，智能投顾运营者违反信义义务损害投资者利益的情况比比皆是，主要有以下几种情形。一是伪智能投顾平台大量存在。实践中，不法分子打着"智能投顾""智能理财"旗号进行虚假宣传，基于投资者的信任从事诈骗等违法犯罪活动，扰乱市场持续，损害社会公共利益。二是智能投顾运营者信息披露不全面、不充分，可能存在自我交易或关联交易等情况损害投资者的利益。在智能投顾业务中，随着互联网、大数据、人工智能等科技手段的应用，投资顾问业务更加具有虚拟性，投资者无法直接观察智能投顾的工作情况。科技的应用使得投资者对智能投顾充满了疑惑，再加上智能投顾运营者违反信义义务损害投资

---

① 侯东德：《智能理财行业风险的法律应对》，《政法论丛》，2020年第1期。

第四章 智能投顾模式中信义义务履行的主要保障路径

者利益的行为，将导致投资者对智能投顾失去信任，极大挫伤投资者使用智能投顾的积极性，从而引发信任危机，不利于智能投顾行业的发展，阻碍了金融的创新。此外，在对智能投顾监管不到位的情况下，一些智能投顾运营者为了获取更多客户资源，会夸大投资收益等情况，待与投资者签订合同后，则原形毕露，让投资者对智能投顾产生极大的不信任感。智能投顾运营者违反信义义务损害投资者利益的行为同时会导致智能投顾行业"劣币驱逐良币"的后果，最终不利于智能投顾行业的健康发展。因此，应加强对智能投顾运营者履行信义义务的监管。

其次，信息不对称风险。资本市场是一个信息不对称的市场，消除资本市场中发行人与投资者之间的信息不对称问题一直是各国资本市场治理的重要内容之一。在投资顾问业务中，投资顾问拥有专业的投资理财知识，能够获取投资理财产品的大量信息，而投资者因自身专业知识有限等限制无法有效获取更多投资理财产品的信息，投资顾问可能为了自身利益利用这种信息的不对称作出损害投资者利益的行为。在互联网经济下，互联网技术的使用使得资本市场更具有开放性，从理论上讲，资本市场中的所有参与主体均可以通过互联网技术平等地获取相应信息，在一定程度上缓解资本市场信息不对称问题。[1] 但在实践中，互联网信息真伪不明、核心信息不明确、干扰性信息流传等一系列问题引发了新的信息不对称问题。[2] 在智能投顾业务中，人工智能、互联网、大数据技术的引入使得信息不对称问题更为严重。一方面，人工智能、互联网等技术对于投资者而言属于科技"黑箱"，智能投顾在提供投资决策建议时，投资者无法获悉其工作原理，只能被动听从安排。另一方面，在互联网技术的渗透下，智能投顾运营者将与关联交易方的交易在虚拟化的空间中掩盖。因此，在智能投顾模式中存在严重信息不对称的情况下，智能投顾运营者极可能为了自身利益违反对投资者的信义义务，损害

---

[1] 韩民春：《互联网经济学导论》，武汉：华中科技大学出版社，2002，第51~53页。
[2] 侯东德、苏成慧：《互联网证券监管问题研究——以网络安全风险防控为视角》，《法学论坛》，2019年第2期。

投资者利益。因此，应加强对智能投顾运营者信义义务履行的监管。

（二）保护投资者利益

习近平总书记在党的十九大报告中提出，人工智能技术要与实体经济深入融合。智能投顾作为"科技+金融"的创新模式，有力地推动了金融市场的创新发展。前文已述，虽然智能投顾引入了人工智能技术，但其本质仍属投资顾问业务，智能投顾运营者仍应对投资者负有信义义务。在智能投顾业务中，投资者是最为重要的主体之一，没有投资者的参与，智能投顾将无用武之地。在消费市场中，顾客就是上帝，在智能投顾领域亦然，维护投资者的利益，提高投资者对智能投顾的信任度，对促进智能投顾行业的健康发展具有重要价值。[1] 相比于美国、英国等发展较为成熟的资本市场，我国资本市场投资者以散户为主，大多为中小投资者。由于我国中小投资者教育机制尚不完善，中小投资者缺乏投资理财知识，往往追求短线投资，投机性较强，风险防控能力较弱，一直以来加强投资者保护是我国资本市场治理的核心问题。

在智能投顾业务中，人工智能技术在提高效率的同时间接降低了投资顾问的经营成本，进而降低智能投顾佣金费率，从而改变了传统投资顾问仅服务高净值资产者的传统，使得广大长尾中小投资者也可以享受低收费的投资顾问服务。智能投顾通过人工智能技术，依据投资者收入、支出、投资风险偏好等情况自动生成投资建议。在此过程中，智能投顾运营者与投资者之间实质上处于不平等的状态，智能投顾运营者能够支配、控制智能投顾提供投资建议的过程，并且其对所建议投资的理财产品更为熟悉，这种不平等的关系为智能投顾运营者违反信义义务损害投资者利益提供了便利。因此，对于智能投顾的治理应着重于对智能投顾运营者信义义务履行的监管。前文已述，智能投顾运营者的信义义务主要包括勤勉义务和忠实义务。关于勤勉义务，笔者认为主要体现在智能投顾对投资者适当性的审查。从保护投资者角度分析，投资者适当性被视为投资领域打破刚性兑付的重要基础。在智能投

---

[1] 杨东：《金融消费者保护统合法论》，北京：北京法律出版社，2013，第17页。

第四章 智能投顾模式中信义义务履行的主要保障路径

顾业务中，投资者适当性不仅体现在为投资者设定一定的准入门槛，更应体现在智能投顾通过算法函数、投资模型能够对投资者的收入情况、消费情况、投资理财经验、风险偏好、投资收益预期等一系列信息进行深入分析，并对投资理财产品库中的理财产品进行组合，自动生成适合投资者的投资组合建议，做到精准化投资、个性化投资。[1] 智能投顾通过人工智能技术为投资者提供投资咨询服务，本质是建立在马科维茨提出的现代投资组合理论基础之上的。在智能投顾业务中，智能投顾运营者对投资者负有信义义务，这就要求智能投顾运营者应当以保护投资者合法权益为中心，严格履行信义义务，做到勤勉尽责，以投资者利益最大化行事。智能投顾运营者的忠实义务则要求智能投顾运营者在利用智能投顾为投资者提供投资咨询服务时，应避免利益冲突，在利益冲突存在时，应及时告知投资者，并能够将投资者利益置于首位。但实践中，智能投顾运营者往往为了自身利益最大化从事自我交易、关联交易，损害投资者利益。因此，智能投顾运营者对投资者负有信义义务，智能投顾运营者违反信义义务，将导致投资者利益受损。

智能投顾运营者违反信义义务将会产生严重的负外部性影响，损害投资者的合法权益，这将构成国家对智能投顾行政监管的逻辑基础。有效的市场监管是资本市场健康规范发展的重要保障，在智能投顾模式中，人工智能技术的引入对传统投资顾问信义义务提出了挑战，算法"黑箱"、信息不对称、自我交易、关联交易等一系列问题都将对投资者合法权益造成威胁。因此，应深入剖析智能投顾运营者信义义务的特殊性，加强对智能投顾运营者信义义务履行的监管，规范智能投顾经营行为，切实保护投资者的合法权益。

三 履行智能投顾信义义务监管的挑战

（一）智能投顾受信主体履行信义义务面临的问题

从智能投顾的监管角度对智能投顾信义义务进行分析，智能投顾法律规

---

[1] 陈晨：《股权众筹投资者适当性制度研究》，《上海金融》，2016年第10期。

智能投资顾问中的信义义务

制的核心是确保智能投顾对投资者履行信义义务。[①] 智能投顾作为投资顾问领域新兴的产业模式，有效地提高了投资顾问服务效率，降低了投资服务成本，增强了金融普惠性。但智能投顾的本质依然属于投资顾问，智能投顾运营者依然应当承担信义义务。但由于人工智能、互联网、大数据等科技的引入，智能投顾更具特殊性，投资顾问关系更加复杂、运营模式更加隐蔽并且带来了新的风险，智能投顾运营者在经营中违反信义义务、损害投资者利益的可能性更高。智能投顾运营者的信义义务可以归纳为两大方面。一是智能投顾运营者的勤勉义务，即智能投顾运营者在通过人工智能技术为投资者提供投资咨询服务时，应像处理自己事务时那样认真、尽责，能够勤勉、谨慎地根据投资者的实际情况，为投资者的利益最大化行事。二是智能投顾运营者的忠实义务。忠实义务即要忠诚，在智能投顾运营者通过人工智能技术为投资者提供投资咨询服务时，应以投资者的利益最大化作为自己行为和行动的最高准则，将投资者利益置于首位，不得为自己谋取私利。在智能投顾业务中，忠实义务主要体现在智能投顾运营者应避免利益冲突，不得将自己利益凌驾于投资者利益之上。

1. 智能投顾运营者履行勤勉义务的问题

智能投顾引入人工智能技术，一方面造成对传统投资顾问勤勉义务的挑战，致使传统勤勉义务已经无法满足智能投顾发展的需求。另一方面，人工智能、互联网等科技手段的引入，为智能投顾运营者违反勤勉义务损害投资者利益提供了便利。智能投顾引入人工智能技术对勤勉义务的挑战主要体现在以下几个方面。

首先，投资者适当性管理不足。在智能投顾业务中，智能投顾运营者所承担的投资者适当性义务主要分为两方面。一方面，智能投顾运营者在与投资者签订合同前应对投资者进行风险测评，并将结果如实告知投资者，同时

[①] John Lightbourne, "Algorithms & Fiduciaries: Existing and Proposed Regulatory Approaches to Artificially Intelligent Financial Planners," *Duke Law Journal*, Vol. 67, Issue 3 (December 2017), p. 653.

第四章 智能投顾模式中信义义务履行的主要保障路径

向投资者进行必要的风险提示。另一方面,智能投顾运营者应充分收集投资者信息,并依据投资者基本情况为其提供有针对性的投资建议,即智能投顾运营者能够确保智能投顾提供的投资建议符合投资者的实际情况。[1] 但实践中,由于我国关于智能投顾运营者投资者适当性义务的法律规定存在不足,加上监管不到位,智能投顾运营者往往不对投资者进行事前的风险测评,或者进行了风险测评但也仅流于形式。智能投顾运营者为了获取更多客户,同不适用智能投顾模式的投资者签订合同,最终损害了投资者利益。此外,智能投顾运营者在通过智能投顾向投资者提供投资咨询服务时,未能准确把握投资者情况,为其提供不适当的投资建议。投资者适当性管理不足主要原因如下:一是收集投资者信息不完整、不准确,更新不及时。通过调查问卷收集投资者信息,方式单一,容易流于形式,问卷内容通常难以完整涵盖投资者适当性需求,投资者的回答应付性强。当投资者情况发生变化,智能投顾通常怠于更新投资者信息,不能及时重新进行适当性评估。二是智能投顾算法为投资者配置投资组合时过于粗放,难以做到"千人千面"。根据投资者适当性情况,建立投资者独特投资组合时,算法精准度不够,可能过于保守,也可能过于冒险。三是根据市场调整持仓投资组合不及时。因为系统不能及时反映市场情绪,所以难以指望系统能够根据市场及时调整投资组合。

其次,最佳执行义务履行不足。智能投顾运营者的最佳执行义务可以大致分为两类。一是智能投顾运营者在选择合作的证券经纪商时,应对证券经纪商进行尽职调查,充分考虑其适格性。在智能投顾业务中,有时智能投顾运营者不具有证券产品的销售资质,因此需要寻找证券经纪商共同合作。最佳执行义务要求智能投顾运营者在寻找第三方证券经纪商时,以实现投资者利益最大化为准则,并确保投资者每笔交易的收益或费用在特定的情况下是最佳的。[2] 此外,智能投顾运营者在选择证券经纪商时,应着重考虑证券经

---

[1] Megan Ji, "Are Robots Good Fiduciaries? Regulating Robo-advisors Under the Investment Advisers Act of 1940," *Columbia Law Review*, Vol. 117, (2017), pp. 1543, 1551–1552.

[2] 参见 Kidder, Peabody & Co., Exchange Act Release No. 8426, Advisers Act Release No. 232, at4。

智能投资顾问中的信义义务

纪商的风险防控能力、信息披露情况、责任承担能力等，并且在选定证券经纪商后，定期对其进行风险评估，督促其及时、全面、准确地履行信息披露义务。二是智能投顾为投资者提供投资咨询服务时，应确保人工智能自动生成的投资建议符合投资者的最佳利益。再者就是要求智能投顾运营者对涉及投资建议的相关信息进行全面考虑。依据欧盟《金融工具市场指令》要求，在资管业务中，金融机构应全面考虑投资者的投资规模、价格、费用等相关因素，并积极采取相应措施，确保能够实现投资者利益最大化。[①] 但在实践中，智能投顾运营者往往为了节约成本，追求自身利益最大化，忽视了投资者的最大利益，损害了投资者的合法权益。

2. 智能投顾受信主体履行忠实义务的问题

美国《代理法重述（三）》给忠实义务下了定义，忠实义务即委托人不得利用受托人的地位获得不当利益的义务。在智能投顾业务中，忠实义务要求智能投顾运营者基于投资者的信任忠诚地为投资者提供投资咨询服务，在遇到与投资者存在利益冲突的情况时，能将投资者利益置于首位，为投资者利益最大化行事。[②] 但由于我国智能投顾行业的发展尚处于初期，各项制度尚未建立和完善。人工智能技术的引入对智能投顾运营者的忠实义务提出了挑战，主要表现在以下几个方面。

首先，算法偏好与算法歧视。智能投顾引入人工智能技术为投资者提供投资咨询服务，但当前，我国智能投顾运营者并不对投资者公开人工智能算法的相关信息，智能投顾如何通过算法自动生成投资建议对投资者而言是不透明的，这种现象被形象地称为科技"黑箱"。智能投顾运营者可以支配、控制智能投顾算法的设计，而投资者无法查知，这就导致智能投顾运营者可能利用信息优势制造算法偏好、形成算法歧视，故意制造利益冲突。同时，在智能投顾业务中，投资者与智能投顾运营者之间存在严重的信息不对称问

[①] 蔺捷：《论欧盟投资者适当性制度》，《法学评论》，2013年第1期。
[②] 潘振野：《智能投顾模式下投资者保护制度的完善——以信义义务为中心》，《南方金融》，2020年第2期。

第四章 智能投顾模式中信义义务履行的主要保障路径

题。由于立法的不完善、监管的缺位，智能投顾运营者并不向投资者披露智能投顾算法假设、算法函数、投资模型、投资组合生成原理、风险等信息，投资者只能被动接受智能投顾生成的投资建议，而无法对智能投顾运营者进行有效的监管，为智能投顾运营者利用信息优势进行自我交易、关联交易大开方便之门。此外，实践中金融机构或金融科技公司通常并不自己研发智能投顾算法，而是外包给第三方科技公司，这也会产生利益输送，引发运营者与投资者之间的利益冲突。即第三方科技公司与其他证券销售商利益勾结，通过制造算法偏好，使自动生成的投资建议更倾向于利害关系方的投资产品，最终导致依据智能投顾自动生成的投资建议未必符合投资者的最佳利益。

其次，自我交易与关联交易。在证券市场中，证券投资咨询机构的本质属于证券服务机构，投资顾问在接受投资者委托为其提供投资咨询服务时，很容易与其他利益主体产生利益冲突。[1] 尤其是人工智能、互联网技术的应用，使得智能投顾参与主体更加多元，法律关系更为复杂，利益冲突的方式也呈现多元化特征。前文已述，智能投顾运营者与投资者之间存在严重的信息不对称问题，在智能投顾运营者信息披露不充分，甚至故意隐瞒关联交易方信息时，将会导致投资者利益受到损害。在智能投顾中，这种多元的利益冲突可以归纳为两类，即自我交易和关联交易。在自我交易中，智能投顾运营者可以同时具有证券销售资质和投资顾问资质，这样智能投顾运营者可以通过人为控制智能投顾算法，进行背后操纵，优先将自己销售的投资理财产品推荐给投资者。在关联交易中，情况较为多样，在智能投顾运营者尚未取得证券销售资质时，则需要同其他证券经纪商进行合作，此时智能投顾运营者与证券经纪商可能存在利益勾结，通过控制智能投顾投资建议的生成，将关联交易方的投资产品优先推荐给投资者。此外，在智能投顾算法由第三方研发的情况下，第三方研发机构可能与其他证券经纪商存在利益关系，可能导致第三方研发机构在设计算法时，为了关联交易方的利益制造算法歧视，损害投资者利益。另外，国内很多智能投顾平台对大数据挖掘较浅，人工智

---

[1] 倪受彬、张艳著：《证券投资咨询机构的信义义务研究》，《社会科学》，2014年第10期。

能研发不足,还没有达到真正意义上的智能投顾。因此,在其进行投资策略匹配的过程中,还无法完全脱离人工操作达到纯智能化的程度。在人工参与投资顾问服务时,参与人可能为了自身利益进行自我交易或关联交易,从而损害投资者的利益。为了规制多元的利益冲突问题,美国《1940年投资顾问法》对投资顾问与投资者之间的自我交易、关联交易进行了明确规制,明确要求投资顾问在遇到利益冲突时,应将相关信息及时向投资者披露,在未经投资者同意的情况下不得从事自我交易及关联交易。在智能投顾业务中,人工智能、互联网技术的使用,使得利益冲突问题更加严重,为保护投资者合法权益,应加强对智能投顾运营者信义义务履行的监管。

四 智能投顾模式对监管信义义务履行的挑战

(一)智能投顾模式下信义义务的立法现状

智能投顾运营者的信义义务要求其在为投资者提供投资咨询服务时,应勤勉尽责,防范利益冲突,将投资者利益最大化作为行事的最高准则。前文已述,由于智能投顾引入人工智能、互联网等科技手段,智能投顾运营者履行信义义务产生新的挑战,为保护投资者的合法权益,督促智能投顾运营者勤勉尽责,防止其利用自我交易、关联交易故意制造利益冲突损害投资者的利益,应加强对智能投顾运营者履行信义义务的监管。[1] 智能投顾在我国发展尚处于初始阶段,专门对智能投顾进行规制的法律法规尚处于空白,但投资顾问领域引入人工智能技术为投资者提供投资咨询服务并未改变其本质,智能投顾本质仍属于投资顾问,立法关于传统投资顾问信义义务的规定同样适用于智能投顾运营者。当前关于证券投资顾问信义义务的法律法规和文件主要有《证券法》《证券公司监督管理条例》《证券投资顾问业务暂行规定》《证券、期货投资咨询管理暂行办法》《关于规范金融机构资产管理业务的指导意见》等。

---

[1] Dominic Litz, "Risk, Reward, Robo-advisers: Are Automated Investment Platforms Acting in Your Best Interest," *Journal of High Technology Law*, Vol. 18, Issue 2 (2018), pp. 369–375.

第四章　智能投顾模式中信义义务履行的主要保障路径

《证券法》关于投资顾问信义义务的规定主要有以下几个方面。第一，明确规定了勤勉义务。《证券法》第160条明确规定了从事证券投资咨询的服务机构应勤勉尽责、恪尽职守，规定了智能投顾运营者的勤勉义务。第二，明确规定了智能投顾运营者的忠实义务。《证券法》161条规定了投资顾问禁止从事的相关事项，明确投资顾问不得与投资者进行自我交易及关联交易，并且规定智能投顾运营者违反忠实义务给投资者造成损害的应承担相应的赔偿责任。从上述规定分析，我国《证券法》将证券投资咨询机构列为证券服务机构进行管理，并明确规定了投资顾问对投资者负有勤勉义务及忠实义务。但《证券法》作为证券市场的基本法，其关于投资顾问信义义务的规定较为原则化，缺乏系统化、具体化的可操作规定。同时《证券法》的规定并未充分考虑智能投顾的特殊性，未针对智能投顾运营者的信义义务进行明确规定。

《证券公司监督管理条例》（以下简称《条例》）关于证券公司从事资产管理业务时信义义务的规定主要有以下几个方面。第一，信息披露义务。《条例》第30条规定，证券公司从事资产管理业务应向投资者明确解释相关业务规则及合同内容。《条例》第31条规定，证券公司从事资产管理业务应向投资者披露对账单。第二，禁止自我交易和关联交易。《条例》第46条规定了证券公司从事资产管理业务的禁止事项，明确规定不得进行自我交易与关联交易，避免利益冲突。虽然证券公司从事资产管理业务与投资咨询服务不同，但在智能投顾业务中，智能投顾运营者接受客户全权委托，代投资者从事资产投资服务实质就是资产管理业务，因此《条例》上述规定亦应适用于智能投顾运营者。但《条例》主要针对证券公司开展资产管理业务，无法涵盖所有的智能投顾运营者，也无法涵盖智能投顾所有的业务类型。此外，《条例》对于智能投顾运营者信义义务的规定不够全面，并且该条例对智能投顾的特殊性考虑不足。

《证券投资顾问业务暂行规定》（以下简称《规定》）对证券投资咨询机构的信义义务进行了较为全面的规定，主要有以下几个方面。第一，明确规定了证券投资顾问的忠实义务和勤勉义务。《规定》第3条规定，应加强合规管理，防范利益冲突。同时《规定》第 4 条明确要求，证券投资咨询机构应勤勉尽责地为投资者提供投资建议，第 5 条要求证券投资咨询机构应忠于投资者利益，不得利用关联交易或者为其他人的利益作出损害投资者利益的行为。《规定》对于证券投资咨询机构信义义务的规定相对较为全面，但仍未充分考虑人工智能技术在投资顾问业务中应用的特殊性。

近些年，智能投顾在我国获得了较快发展，为了有效推动智能投顾规范发展，防范金融风险，保护投资者利益，2018 年 4 月 27 日，中国人民银行、中国银保监会、中国证监会、国家外汇管理局联合发布《关于规范金融机构资产管理业务的指导意见》（以下简称《意见》）。《意见》第 23 条针对智能投顾运营者的信义义务作了专门规定，要求智能投顾运营者应遵守投资者适当性、信息披露、风险隔离等相关规定。

从上述法律规定和文件要求分析，当前我国尚未制定出针对智能投顾业务的法律规定，对智能投顾业务的管理仍需要适用对传统证券投资咨询机构的规定。虽然智能投顾本质仍未脱离投资顾问的范畴，但应看到智能投顾因人工智能技术的引入相对于传统投资顾问更显特殊。前文已述，智能投顾引入人工智能、互联网等科技手段，对传统投资顾问的信义义务产生了挑战，在现行法律对智能投顾运营者信义义务规定不足的情况下，应完善相关法律规定，加强智能投顾运营者信义义务监管。

（二）智能投顾模式下对运营者履行信义义务监管的挑战

与银行、证券公司等大型金融机构相比，智能投顾运营者由于规模小、业务分散，受到的声誉约束较少。所有这些特征都表明，与近年来成为监管焦点的"太大而不能倒"的公司相比，智能投顾公司发起了独特的、可能更令人担忧的挑战，主要表现在以下几个方面。

1. 系统性金融风险对监管的挑战

智能投顾的兴起引发了人们对智能投顾对整个金融体系稳定性影响的诸多担忧。[①] 虽然智能投顾本质仍属于投资顾问，但其引入人工智能技术、互

---

① 杨东：《论金融领域的颠覆创新与监管重构》，《人民论坛·学术前沿》，2016 年第 11 期。

第四章 智能投顾模式中信义义务履行的主要保障路径

联网技术引发了新的金融风险。在资本市场中，当参与市场竞争的个体行动者脆弱、冲击容易传播、信息不对称问题普遍、整体市场庞大时，系统性风险最大。在智能投顾业务中，投资者因投资经验、知识的缺乏较为脆弱，更容易受到市场风险的冲击，并且智能投顾运营者与投资者之间信息不对称问题普遍存在。此外，人工智能技术的应用降低了智能投顾运营者的成本，智能投顾可以获得大量的客户，智能投顾市场将不断扩大，导致智能投顾运营者在违反信义义务时产生严重的金融风险。此外，分散的资本市场或许比集中的资本市场更容易受到金融风险的影响。在资本市场中，人们通常认为银行等大型金融机构造成的金融风险可能比小型金融机构造成的金融风险具有更大的影响力，但考虑到规模、多样化和资本化的经济效益等因素，大型金融机构往往风险防控系统更为健全，其导致金融风险的可能性较小。一个行业的系统风险的最终水平将取决于各因素之间的相互作用，而对机构规模的片面关注可能会掩盖其他因素能够在多大程度上加剧风险。那么，智能投顾是如何适应这种情况的呢？后危机时代金融监管的基本假设是，"大到不能倒"的机构对整体经济构成了最大的系统性风险。但是，市场中单个机构的绝对规模（以资产、收入或其他类似指标衡量）与整个市场的系统性风险并不完全相关。相反，智能投顾公司规模小且分散，当多个智能投顾运营者违反信义义务时，可能导致系统性金融风险，在传统的监管体制和监管方式尚不能应对这些风险时，智能投顾将可能引发新的金融风险。一方面，智能投顾具有小规模、分散性特征，在发生金融风险时，这些特征可能成为金融风险的传播机制。另一个相关的风险传播机制是可能导致过度相关行为的自动决策。以资产管理行业为例，资产管理行业一个潜在的系统性问题是，企业出现困境时可能面临投资者大规模赎回，它们可能需要以不利的条件解除市场头寸。如果随着危机的加深，条件变得更不利，那么先动者将在市场上占有优势。这可能会造成金融危机时的那种系统性风险，即企业通过"贱卖"问题资产，减少在等待市场复苏时面临更大损失的风险。当然，如果资产管理公司的决策仅仅反映了投资者的主要决策，那么也许资产管理公司不应该被看作风险的创造者。相反，它们只是在执行其他人的决定。但在智能投顾

智能投资顾问中的信义义务

领域,在某些情况下,许多投资建议是由计算机算法作出的,而这些算法尚未在市场动荡时期得到检验。至少在其他交易领域,人们普遍认为算法高速交易导致了市场的不稳定。① 也许更重要的是,如果智能投顾算法作为一个类别表现出"羊群效益"——也就是说,它们倾向于基于他人的决策作出类似的决策——那么系统性风险就会被放大。② 另一方面,智能投顾行业的信息不对称问题严重。在法律不健全、监管不到位的情况下,大多数智能投顾运营者并未承担广泛的信息披露义务。信息披露的不充分为智能投顾运营者违反信义义务提供了便利。

2. 智能投顾算法"黑箱"对监管的挑战

具有特殊性的智能投顾发出了一系列与金融系统风险相关的危险信号。智能投顾运营者违反信义义务所产生的金融风险,有多种途径扩散至其他投资者。前文已述,在智能投顾业务中,智能投顾运营者与投资者之间有显著的信息不对称问题,人工智能、互联网等技术对投资者而言是科技"黑箱",智能投顾的科技因素可能成为金融风险扩散的催化剂。智能投顾运营者因违反信义义务而造成的负外部性影响以及相关的市场失灵的可能性表明,政府监管对智能投顾运营者有效履行信义义务至关重要。③ 但智能投顾引入人工智能、互联网技术使得智能投顾运营者信义义务的监管出现一组独特的难题,这些难题在传统投资顾问领域并不那么普遍。众所周知,有效的管理制度需要有效的监督制度支撑。如果监管机构不能有效监管智能投顾运营者的相关行为,甚至不能在第一时间确定相关行为人的身份,那么就无法约束相关行为人的行为。④ 监管机构对智能投顾运营者信义义务

---

① 参见 Pankaj K. Jain, Pawan Jain, Thomas H. McInish, "Does High-frequency Trading Increase Systemic Risk?" *Journal of Financial Markets*, Vol. 31, (2016), pp. 1 – 24.

② Marcel Kahan, Michael Klausner, Path Dependence in Corporate Contracting: Increasing Returns, Herd Behavior and Cognitive Biases, 74 Wash. U. L. Q. 347, 356 (1996).

③ 张景智:《"监管沙盒"制度设计和实施特点:经验及启示》,《国际金融研究》,2018年第1期。

④ 蔡元庆、黄海燕:《监管沙盒:兼容金融科技与金融监管的长效机制》,《科技与法律》,2017年第1期。

第四章 智能投顾模式中信义义务履行的主要保障路径

监管的困境主要体现在以下几个方面。

一是智能投顾的商业结构使得监管机构更难确定需要监管的相关主体。前文已述,智能投顾具有分散性,这种分散性使得监管机构难以确定监管的相关主体。此外,智能投顾的商业结构让监管机构即使在确定相关主体后,也难以监控相关主体的行为。许多智能投顾运营者的经营行为不受大型银行等金融机构信息披露制度的约束,并且智能投顾算法的复杂运作并不总是容易理解的。[1] 当被问及与监管机构的互动情况时,一家智能投顾初创企业的负责人表示:"与智能投顾监管机构的互动主要是解释智能投顾的业务范围及如何开展相关工作。"同时,大量的白皮书和研究报告都提到,监管机构对智能投顾的业务开展情况及其如何为投资者提供服务缺乏基本的了解。在对智能投顾运营者信义义务的监管中,参与智能投顾业务的主体多元并且多变,以及智能投顾运营者信息披露不充分、不全面等问题,导致智能投顾行业中监管不透明的问题普遍存在。当市场主体对经济构成系统性风险时,监管机构有理由对行业内行为人的行为进行监控,以避免风险对市场造成损害。但监管机构对市场主体的监管程度取决于市场主体的信息披露程度。如果没有智能投顾运营者履行信义义务的相关信息,监管机构就无法在智能投顾运营者违反信义义务前对其行为加以防范。[2] 随着智能投顾的不断发展,智能投顾企业的数量日益增加,在智能投顾运营者的信义义务履行情况无法被核实时,监管机构对智能投顾运营者信义义务的履行约束力最差。总之,智能投顾引入人工智能、互联网技术加剧了金融业的分化,使得智能投顾运营者违反信义义务的情况被掩盖了,由此产生的风险亦更具有隐蔽性。因此,传统投资顾问的监管模式已经无法适应智能投顾运营者信义义务监管的需求,亟须剖析智能投顾信义义务的特殊性,创新监管方式。

3. 信誉机制

智能投顾运营者违反信义义务可能对整体经济构成系统性风险。前文已

---

[1] Yesha Yadav, How Algorithmic Trading Undermines Efficiency in Capital Markets, 68 Vand. L. Rev. 1607, 1668–70 (2015).

[2] 叶林、吴烨:《金融市场的"穿透式"监管论纲》,《法学》,2017年第12期。

智能投资顾问中的信义义务

述,监管机构的监管方式无法跟上智能投顾的发展速度,因而没有能力防范和化解系统性风险。如果智能投顾运营者能够并愿意为了追求更长期的利益而合作,那么通过行业自律组织或许可以督促智能投顾运营者积极履行对投资者的信义义务,从而弥补这一缺陷。在缺乏法律规制的情况下,可以通过建立一定的机制,让智能投顾运营者在自愿的基础上履行信义义务,以填补现行立法的不足并降低智能投顾运营者因违反信义义务而产生的风险。市场主体都是理性的经济人,在利益的驱使下,市场主体能够很好地调整自身的经营行为。随着我国"放管服"改革的不断推进,监管权力下放,政府正向服务型政府转变,将赋予市场主体更多的经营权,市场主体之间的合作发展条件正在不断成熟。例如,市场主体在政府的支持和引导下,往往愿意为了追求参与方共同的利益而合作,即使以牺牲短期利益为代价,因为市场主体认为维持声誉会有更持久的利益。这在博弈论中的经典论证是重复的囚徒困境。在囚徒困境中,玩家可以通过合作(例如,拒绝与狱卒交谈)来最大化自己的价值,但每个参与者都有作弊的动机(出卖自己的搭档)。如果游戏只玩一次,理性的选择是作弊。但是,如果每个参与者都选择这样做,他们最终将不能实现共同利益的最大化,结果就是两人将长期入狱。如果大家都知道囚徒困境将会重复,在反复的囚徒困境中,理性的合作是可以发展的,因为每一方都知道,如果他在第一轮作弊,他可能会被认为是作弊者,从而在未来的几轮中受到"惩罚"。[1] 一方惩罚另一方不合作行为的"以牙还牙"战略可以推动建立稳定和持久的合作形式。[2] 换句话说,当各方都知道囚徒困境会反复,并且他们将来会相互影响时,合作会变得更有可能,玩家更愿意牺牲短期利益来追求长期收益。在过去的金融危机中,金融业曾多次目睹这种情况的发生。2008年金融危机的一个著名例子是华尔街大投资银行(包括高盛、美林等)的负责人开会协调他们的行动,以应对雷曼即将倒闭

---

[1] Peter Ordeshook, Game Theory and Political Theory 447 – 448 (1986).

[2] Richard Axelrod, The Evolution of Strategies in the Iterated Prisoner's Dilemma, in Genetic Algorithms and Simulated Annealing 32 – 41 (Lawrence Davis ed., 1987).

第四章 智能投顾模式中信义义务履行的主要保障路径

的局面。他们之所以会有这样的行为,是因为他们是理性的经济人,能够用长远的目光分析问题,宁愿牺牲短期利益来追求长期利益。

但有理由相信,与传统金融行业相比,智能投顾行业的合作行为不太可能出现。首先,由于智能投顾的经营模式是对传统投资顾问形式的颠覆,因此关于智能投顾运营者的行为规范仍处于探索期。智能投顾是投资顾问新形式的先驱,规制智能投顾运营者信义义务的规则还在制定中。然而,当关于智能投顾运营者信义义务的规范清晰时,智能投顾运营者的声誉机制可以有效发挥作用。当关于智能投顾运营者信义义务的规范不明确时,智能投顾运营者不太可能为了追求声誉利益而合作,因为违背任何正在形成的规范的成本都较低。[①] 的确,如果对合作没有可靠的预期,声誉可能根本就没有约束力。例如,让我们假设,债务众筹公司可以通过允许在其平台上发放风险过高的贷款来获得短期收益,同时将这些贷款的风险转嫁给第三方贷款人。总的来说,如果智能投顾产品在被投放到债务众筹平台之前就实施政策来识别风险过高(甚至是欺诈)的贷款,情况可能会好一些,但短期内,任何一名智能投顾运营者都将受益于不实施这些政策并占领那部分市场。[②] 声誉机制可以作为一种约束力量,推动智能投顾运营者采取合作行为——实施风险合规程序。但考虑到智能投顾行业的创新性、科技性,智能投顾业务具有较强的非公开性、隐蔽性。因此,智能投顾运营者违反信义义务可能不会带来什么声誉方面的后果。

其次,智能投顾领域内合作行为信息的扩散程度受到参与者数量的影响。当智能投顾参与者的数量很少时,声誉机制是最强大的。经济学家曼瑟·奥尔森(Mancur Olson)称,除非团体成员的数量非常少,除非有胁迫或者其他一些特殊设备,使个人的行为符合他们的共同利益,理性的、自私

[①] 杨松、张永亮:《金融科技监管的路径转换与中国选择》,《法学》,2017 年第 8 期。
[②] Bill Frezza, Caveat Emptor Banking: Peer-to-Peer Lending Challenges Too-Big-To-Fail Status Quo, Forbes (Aug. 13, 2013, 9:30 AM), https://www.forbes.com/sites/billfrezza/2013/08/13/caveat-emptor-banking-peer-to-peerlending-challenges-too-big-to-fail-status-quo/#4b7db0743bdc [https://perma.cc/8QPH-GHMY].

智能投资顾问中的信义义务

的人不会采取行动为实现他们共同的或团体的利益而作出牺牲[1]。这是因为声誉机制只能在有关过去行为的信息可靠地传递给其他行为人的情况下才能发挥作用。毕竟,在他人的声誉改变自己的行为之前,各方必须观察其他参与者的行为。如果各方认识到他们的声誉不会受到他们行动的影响,或者实际上,他们根本没有任何有用的声誉,那么他们的行动就不会受到声誉机制的影响。在上面的众筹例子中,问题是显而易见的。研究表明,已有超过1250家众筹公司在该领域开展业务,未来几年这个数字可能还会增长。[2] 对大多数经营者来说,监管数千个参与者行为的成本高得令人望而却步。也许经营者可以就监控一小部分参与者或分享行业内其他参与者的实践信息达成一致,但这样的结果是不可能的,因为这同样需要大量参与者之间达成一致。即使他们同意监控该领域其他参与者的行为,但他们是否能收集到确保合作所需的信息,这一点也很不清楚。绝大多数的智能投顾平台是非公开的,因此不会广泛披露信息。考虑到信息的缺乏和在行业内传播信息的困难,声誉机制不太可能成为督促、鼓励智能投顾运营者积极履行信义务的重要措施。

再次,智能投顾运营者不太可能参与合作行为,因为该行业涉及的公司规模较小。人们早就认识到,当大型市场主体主导市场时,公共产品更有可能被提供。[3] 这是因为大的市场主体在市场竞争中有更大的利害关系,从所提供的商品中获得利益的比例也更大。气候变化就是这一点的一个简单例子。环境是一种为所有人提供利益的公共产品,但每个国家都希望允许本国

---

[1] Jr. Mancur Olson, The Logic of Collective Action: Public Goods and the Theory of Groups 1 – 2 (1965). 另见 Jack L. Goldsmith, Eric A. Posner, A Theory of Customary International Law, 66 U. Chi. L. Rev. 1113, 1132 – 33 (1999)(Discussing Collective Interest Issues); Kenneth A. Oye, Explaining Cooperation Under Anarchy: Hypotheses and Strategies, in Cooperation Under Anarchy 1, 19 – 20 (Kenneth A. Oye ed., 1986)(Discussing Common Interests).

[2] 参见 David Drake, 2000 Global Crowdfunding Sites to Choose from by 2016: Top 5 Growth Indicators, Huffington Post (Oct. 23, 2015), https://www.huffingtonpost.com/david-drake/2000global-crowdfunding-_b8365266.html [https://perma.cc/WMH5-NNPV].

[3] 参见 Robert Keohane, After Hegemony: Cooperation and Discord in the World Political Economy (1984).

第四章 智能投顾模式中信义义务履行的主要保障路径

公司在不考虑全球排放的情况下充分利用环境。妨碍各国采用相互最优的规章制度的根本原因是,健康的环境对个别国家的好处一般不足以抵消采用严格环境规章制度的(短期)代价。然而,随着参与者规模的扩大,这种有利于互利监管的结果出现倾斜的可能性也会增加。较大的国家在总福利中占有较大的份额。因此,较大的国家更有可能从集体产品中获得更多的收益,从而抵消更大环境管制的成本。如果全世界只有一个大洲,那么这个大洲将从一个健康的环境中获得所有的收益,因此它将有动力参与有效的监管。同样的情况也发生在智能投顾领域。大型智能投顾运营者更有可能参与有益于整个行业的合作行动,因为他们获得了更大比例的行业利益。然而,智能投顾企业规模通常比银行、证券公司等传统金融机构小得多,因此智能投顾运营者不太可能采取有助于降低系统性风险的合作行动,因为他们从防范系统性风险中获得的收益较少。相反,考虑到他们能从所提供的公共产品中获得的利益份额很小,他们更倾向于关注那些能给他们带来直接利益的短期的、自私自利的行为。因此,智能投顾运营者将利用与投资者之间的信息不对称,违反对投资者的信义义务,从事自我交易、关联交易等损害投资者利益的行为。

最后,由于智能投顾运营者的短视,合作行为在智能投顾领域发展的可能性较小。[①] 合作行为博弈论模型的一个重要假设是,参与者必须合理地相信,他们将在未来获得足够的收益,以抵消任何短期损失。换句话说,如果被认为是一个"合作"玩家的未来收益足够高,玩家将愿意采取短期内代价高昂的行动。但智能投顾行业的性质推翻了这种假设。智能投顾是一个"赢者通吃"的行业,那些能够通过技术创新在市场上获得先机,从而吸引稳定客户的智能投顾企业,往往会在未来继续取得成功。那些进入市场较晚或成长不快的智能投顾企业,往往注定要失败。事实上,智能投顾公司的倒闭率异常高。因此,智能投顾企业并不是在玩一场无限期的游戏。游戏只会奖励

---

① 谢平、邹传伟、刘海二:《互联网金融监管的必要性与核心原则》,《国际金融研究》,2014年第8期。

那些较早取得领先的玩家。此外，智能投顾的许多投资者是风险投资公司。人们早就认识到风险资本家会鼓励公司尽可能快地扩张。[①] 过快扩张使得智能投顾企业承担过多的风险，更不利于鼓励智能投顾运营者积极履行信义义务。智能投顾企业数量较多、规模较小等特征，使得大多数智能投顾运营者不太可能自愿履行信义义务。

五 智能投顾信义义务履行的监管重点

（一）利益冲突成为监管重点

前文已述，智能投顾运营者与投资者之间存在严重的信息不对称，智能投顾运营者可能利用这种信息不对称进行自我交易与关联交易，从而产生利益冲突，损害投资者的利益。为此，监管部门应当加强对智能投顾信义义务的研究，并决定如何对其进行最佳监管。监管部门应将注意力从智能投顾算法的质量上转移，转移至智能投顾运营者在通过智能投顾向投资者提供投资咨询服务时的利益冲突上。在英美法系的投资咨询法中，注意义务中的投资顾问职责都被灵活地解释。因此，投资顾问的注意义务要求实际上比智能投顾质量的要求要宽松得多。此外，美国 SEC 对投资顾问未履行注意义务的宽大处理，表明监控智能投顾建议的质量不应成为监管的优先事项。[②] 将对智能投顾的监管重点放在利益冲突方面的原因如下。

其一，算法偏好与算法歧视的隐蔽性。首先，智能投顾存在的利益冲突比传统投资顾问利益冲突有更大更不确定的影响。在传统投资顾问业务中，个别投资顾问与投资者进行互动，不同的投资顾问可能会受到外部激励的不同影响，并且某些投资顾问可能很容易受到利益相关方回扣和奖金激励的诱惑，而其他投资顾问则不然。然而，在智能投顾业务中，投资咨询建议是通过人工智能算法自动生成的，如果智能投顾算法存在偏好或歧视，将引发新

[①] 参见 Antonio Davlia, et al., Venture Capital Financing and the Growth of Startup Firms, 18 J. Bus. Venturing 689 (2003); David Kirsch, et al., Form or Substance: The Role of Business Plans in Venture Capital Decision Making, 30 Strategic Mgmt. J. 487 (2009)。

[②] 张荣：《智能金融法律规制国际比较及借鉴》，《合作经济与科技》，2018 年第 17 期。

第四章 智能投顾模式中信义义务履行的主要保障路径

的利益冲突,毫无疑问,这种利益冲突将影响所有投资者并对所有投资者的投资回报产生影响。因此,智能投顾因算法偏好或算法歧视引发的利益冲突会产生更大、更不确定的影响。

其二,智能投顾投资者教育不足。在传统投资顾问业务中,传统投资顾问所服务的大多为高净值投资者。智能投顾引入人工智能、互联网技术降低了运营成本,也降低了服务费率,更多服务于长尾中小投资者。智能投顾作为一项低成本的服务,服务对象是更年轻、财务状况更不成熟的投资者。投资者教育是世界各国均关注的一个话题,是金融市场的一项基础性工作。[1] 但由于我国投资者教育不足,智能投顾所服务的投资者不如传统投资顾问服务的投资者懂投资理财知识。因此,智能投顾所服务的投资者在理解智能投资利益冲突的后果方面有更大的困难。智能投顾信息披露的一般目的是为投资者提供必要的投资理财产品信息,以便投资者在投资中作出明智的决策。但由于我国智能投顾信息披露不完整、不充分,智能投顾运营者利用该缺陷进行自我交易或关联交易,损害投资者利益,因此有必要加强对智能投顾利益冲突的监管。

其三,智能投顾的市场趋势。由于智能投顾可以降低运营成本、可以获得更多客户,其作为投资顾问的创新模式发展较为迅速。前文已述,由于智能投顾利益冲突较为严重,因此加强智能投顾利益冲突的监管显得更加紧迫。首先,智能投顾市场正在快速扩张,智能投顾管理的资产规模逐渐变大。特别值得一提的是,智能投顾企业向"千禧一代"开放了金融咨询服务。由于年轻投资者天生相信技术,更喜欢服务以更快的速度提供,因此智能投顾比传统投资顾问更受欢迎。随着人们收入水平越来越高,智能投顾可能会继续获得关注,有效的监管将越来越有必要,以确保投资者得到保护,并保持对服务的信任。其次,由传统基金管理公司运营的智能投顾越来越普遍,其利益关系复杂,比独立的智能投顾公司有更大的产生利益冲突的可能

---

[1] 李建勇、刘海二、曹战京:《证券投资者教育与国民教育体系》,《上海金融》,2015年第2期。

性，这也增加了对智能投顾利益冲突进行监管的需求。

（二）智能投顾中利益冲突的监管

1. 协同监管

实现善治需要让更多的公民参与进来。[①] 开展智能投顾业务的机构较为多元，包括银行、证券公司、科技公司等。我国金融领域实行分业监管体制，对于智能投顾利益冲突问题并没有专门的监管机构来监管。金融业的分业监管模式导致监管职责不清，使得实践中，监管机构各自为政。此外，在智能投顾业务中，参与主体较为多元。例如，科技公司开发出智能投顾平台从事投资顾问业务，在未取得证券产品销售资质时，其可能与证券公司、基金公司合作。此时，对于智能投顾的监管则可能需要国家金融监督管理总局、中国证监会等多个机构一同参与。人工智能、互联网技术的引入，打破了传统投资顾问单一的业务模式，使得智能投顾参与主体更加多元，还导致智能投顾利益冲突的主体不仅涉及智能投顾运营者与投资者，也涉及与智能投顾运营者有利益关系的第三方。因此，仅靠一家监管机构已无法满足智能投顾利益冲突监管的需求，需要构建智能投顾利益冲突的协同监管机制。

确保智能投顾的治理合法性与权威性需要做到重要改革于法有据。[②] 对此，需要加强对智能投顾利益冲突的研究，尽快出台相关法律法规，在立法上明确建立智能投顾协同监管机制，做到重大改革于法有据，打破监管壁垒。智能投顾协同监管机制的构建首先需要确定牵头的监管机关。智能投顾牵头监管机关的确定，应充分考虑智能投顾利益冲突的特殊性，并分析哪一监管机构与智能投顾利益冲突监管更具有契合性。智能投顾虽然通过人工智能、互联网等技术根据投资者基本情况自动为投资者生成投资建议，但科技的应用并未改变智能投顾的本质，其本质仍为投资顾问。实践中，投资顾问业务多由证券公司开展，针对证券公司开展投资顾问业务，国家已经出台相

[①] 俞可平：《治理与善治》，北京：社会科学文献出版社，2003，第11页。

[②] 刘作翔：《论重大改革于法有据：改革与法治的良性互动——以相关数据和案例为切入点》，《东方法学》，2018年第1期。

应的法律法规，具有一定的立法基础和监管经验，如《证券法》《证券公司监督管理条例》《证券投资顾问业务暂行规定》《证券、期货投资咨询管理暂行办法》《关于规范金融机构资产管理业务的指导意见》等。因此，考虑到我国智能投顾的发展现状，应当由中国证监会作为智能投顾利益冲突协同监管的牵头单位。此外，为了更好地发挥协同监管机制的作用，还应明确各监管机构的职责权限，构建权责明确、科学高效的协同监管机制。

2. 创新"科技+监管"模式

随着金融与科技的深度融合，传统金融业务正在朝着智能化、网络化、数字化方向发展，全球金融行业已经步入完全的数字化、智能化时代。"互联网+监管"是深入推进"放管服"改革的重要举措。[①] 2018年10月，李克强总理召开国务院常务会议明确提出建设国家"互联网+监管"系统，促进政府监管的规范化、精准化、智能化。智能投顾作为金融科技创新的典型，是"科技+金融"深入融合的结果，其引入人工智能、互联网等技术使得利益冲突更加复杂、隐蔽，致使传统的监管方式已无法满足智能投顾利益冲突监管的需求。因此，应创新智能投顾监管方式，引入科技元素，实现智能化监管。

近年来，互联网、大数据、人工智能技术与金融的融合程度日益加深，极大降低了金融服务业的成本。同时，互联网等科技的应用打破了信息孤岛，使得信息传输成本大幅度下降，并提高了金融业的数据信息处理和分析能力。科技手段的应用，一方面为金融业的繁荣发展带来了机遇，另一方面为金融监管的创新提供了契机。在传统监管方式无法适应智能投顾监管需求的情况下，应创新智能投顾监管方式，建立"科技+监管"模式。前文已述，智能投顾利益冲突主要体现在两方面：一是智能投顾运营者与投资者进行自我交易而引发的利益冲突；二是智能投顾运营者的关联交易方与投资者进行交易引发的利益冲突。为了应对这些利益冲突，需要从智能投顾运营者

---

① 张毅、王宇华、王启飞：《"互联网+"环境下的智慧监管模式》，《上海行政学院学报》，2020年第2期。

智能投资顾问中的信义义务

信息披露着手。前文已经对智能投顾运营者信息披露的原则、方式、要求，以及持续性信息披露等进行详细论述。智能投顾运营者全面、充分履行信息披露义务对于防范智能投顾利益冲突具有重要价值。为此，需要加强智能投顾信息披露的监管。一方面，应加强智能投顾运营者信息披露的政府监管，以公权力的方式强制性要求智能投顾运营者履行信息披露义务。应从立法上明确规定智能投顾运营者信息披露的义务。此外，应建立智能投顾运营者信息公开审核备案制度，要求智能投顾运营者在开展业务之前，将相关信息向监管部门备案，并且加强对智能投顾运营者持续性信息披露的监管。另一方面，应加强智能投顾信息披露自律监管。市场经济是信誉经济，由于智能投顾的信誉机制尚未充分发挥作用，可以引入智能投顾运营者信息披露第三方担保、第三方评估、第三方评级等制度，积极发挥智能投顾的信誉功能，激励智能投顾运营者积极主动履行信义义务。

第五章　智能投顾模式中违反信义义务的民事责任

当前我国关于智能投顾的行政监管及行政责任已经有初步规定，监管部门制定了部分行政法规及规范性文件，理论界对于智能投顾的研究也更多集中于智能投顾的监管，并且已经提出较为全面而系统的监管措施。但当前理论界关于智能投顾违反信义义务的民事责任赔偿机制研究较少，并且在智能投顾的司法实践中，尚未形成智能投顾违反信义义务的统一司法裁判标准，从而导致我国关于智能投顾违反信义义务的民事责任赔偿机制缺失，亟须完善。当前，行政监管及行政处罚在智能投顾的治理中一直处于主导地位，但从以往的市场治理经验分析，政府通过行使行政监管权介入市场往往会导致政府失灵，监管效果往往不尽如人意，并且僵硬的行政监管体制和严格的行政处罚会扼杀市场创新、降低市场资源配置效率。此外，监管机关往往注重事前监管，忽视事中、事后监管，造成我国金融市场的治理重行政监管轻民事责任的现状。在我国投资者教育不足、尚未形成完善的监管系统情况下，智能投顾违反信义义务民事责任赔偿机制的缺乏不利于投资者的保护，不利于智能投顾行业的健康发展。本质上，投资者与智能投顾运营者之间的法律关系是建立在私法意思自治的基础上的，建立健全智能投顾违反信义义务民事责任赔偿机制可以有效发挥金融市场事后治理的功能，有效遏制智能投顾运营者、人工投顾、算法模型提供者损害投资者利益的行为动机。智能投顾违反信义义务民事责任赔偿机制的建立遵循了金融市场治理的基本规律，有利于实现智能投顾运营者、人工投顾、算法模型提供者与投资者各方利益的平衡保护。

第一节 违反信义义务责任性质界定

法律责任的性质决定着责任的构成要件及责任的承担方式，法律责任的确定应当以明确责任的属性为前提。[①] 界定智能投顾违反信义义务责任的性质首先应当对法律责任的产生进行分析。法律对社会调整离不开对利益的调整，法律对利益的调整是通过公平地分配权利实现的，法律通过将一定的权利分配给一定的社会主体，使之能够追求某种社会利益，但权利与义务具有一致性，没有无义务的权利亦没有无权利的义务。为确保权利的实现需要将权利所对应的义务付诸一定的主体，但基于人类的自利性，义务主体往往不履行法律规定或者约定义务，因此需要通过设置法律责任确保义务的履行，最终实现法律对社会的调整，法律责任由此而来。[②] 法律责任是义务主体因违反约定或法定的第一性义务产生的第二性法律义务。[③] 我国金融市场民事责任性质可以大致划分为违约责任与侵权责任，那么智能投顾违反信义义务所产生的责任应当属于违约责任还是侵权责任呢？本书认为，智能投顾违反信义义务所产生的责任既不属于违约责任亦不属于侵权责任，而应当属于一种特殊的法定责任。

首先，智能投顾违反信义义务产生的责任不属于违约责任。违约责任是债务人因不履行约定的义务而对另一方所应承担的责任，违约责任的产生原因在于责任主体违反了约定的义务。但智能投顾模式中的信义义务是一种法定义务而非合同义务。一方面，从信义义务的产生来看，前文已述，在智能投顾业务中，智能投顾运营者具有较强的专业知识和投资经验，投资者基于对智能投顾的信赖委托其提供投资咨询服务，智能投顾运营者对投资者委托的事项具有一定的自由裁量权，为确保智能投顾运营者勤勉尽责，将投资者

[①] 郑佳宁：《论智能投顾运营者的民事责任——以信义义务为中心的展开》，《法学杂志》，2018年第10期。
[②] 付子堂主编《法理学进阶》（第5版），北京：法律出版社，2016，第40页。
[③] 付子堂主编《法理学初阶》（第5版），北京：法律出版社，2016，第178页。

第五章 智能投顾模式中违反信义义务的民事责任

利益作为一切行为的出发点和落脚点并保护投资者利益从而产生了信义义务。智能投顾信义义务的产生基于投资者对智能投顾运营者、人工投顾、算法模型提供者的专业信赖，其由法律规定，而非基于合同的约定。另一方面，从信义义务的内容来看，在智能投顾业务中，智能投顾运营者对投资者所负的信义义务主要包括注意义务及忠实义务。[①] 注意义务要求智能投顾运营者在向投资者提供投资咨询服务时，应当尽到一个理性人应尽的注意义务，充分调查与投资咨询业务相关的信息，确保所提供的投资建议符合投资者利益最大化要求。忠实义务要求智能投顾运营者向投资者提供投资咨询服务，当自身利益与投资者利益发生冲突时，应将投资者利益置于首位。而合同义务是投资者与智能投顾运营者所签订投资顾问服务合同中约定的义务，主要涉及投资者如何支付服务费及智能投顾运营者如何提供投资咨询服务等事项。综上所述，智能投顾模式中的信义义务不同于合同义务，违反信义义务所产生的责任不是违约责任。

其次，智能投顾违反信义义务产生的责任不属于侵权责任。一是智能投顾违反信义义务构成要件不同于侵权责任构成要件。一般侵权责任包括侵权行为、损害结果、行为与结果存在因果关系以及行为人主观存在过错四个构成要件，但违反信义义务的责任构成要件则只需有违反信义义务行为、损害、违反信义义务行为与损害之间存在因果关系，并不需要行为人主观存在过错。二是智能投顾违反信义义务行为与侵权行为的表现形式不同。侵权责任中无论是过错侵权责任还是无过错侵权责任，侵权责任的产生都是基于行为人侵犯了他人的民事权益。[②] 民事权益包括民事主体依据法律规定所享有的民事权利（包括人身权利与财产权利）及民事主体基于社会的公共道德所应当享有的民事利益。但违反信义义务产生的责任是基础行为人违反了信义义务，并非对其他民事主体权益的侵犯。三是智能投顾违反信义义务所造成

---

① 钟维：《中国式智能投顾：本源、异化与信义义务规制》，《社会科学》，2020年第4期。
② 王桂玲：《侵权责任法保护的民事权益的表达模式与完善路径》，《政法论丛》，2016年第2期。

的损失与侵权责任赔偿范围不相洽。实践中，智能投顾信义义务承担主体因违反信义义务所造成的投资者损失通常表现为财产损失，即纯粹的经济损失。但依据侵权责任法理论，纯粹经济损失不属于侵权责任法赔偿范围。[①]综上所述，智能投顾授信主体因违反信义义务产生的责任不属于侵权责任。

综合以上分析，智能投顾受信主体因违反信义义务所引发的责任既不属于侵权责任亦不属于违约责任，因此不能单纯地适用侵权责任或违约责任的相关法律规定进行解决。违反信义义务的责任来源于受信人对其应负的注意义务或忠实义务的违反，而受信人所负的注意义务及忠实义务由法律规定，因此，信义义务本质上属于法定义务，因违反信义义务所产生的责任应当属于法定责任的一种。

第二节 违反信义义务责任构成要件

科学、准确界定违反信义义务的责任性质是分析违反信义义务责任（以下简称"违信责任"）承担的前提，但具体适用违反信义义务责任机制仍需进一步探讨违信责任的构成要件。本书认为，智能投顾受信主体的违信责任构成要件应当有以下三个：存在信赖利益关系，存在违反信义义务的行为，因违反信义义务投资者受有损失。

一 存在信赖利益关系

智能投顾受信主体与投资者之间存在信赖利益关系是智能投顾违信责任产生的前提。在智能投顾业务中，信义义务本质上是投资者基于对智能投顾相关主体的信赖而产生的，由于投资者缺乏专业的投资知识和丰富的理财经验，其需要依赖投资顾问为其提供专业的投资咨询服务。投资者与智能投顾相关主体之间存在信赖利益关系，基于投资者对智能投顾的这种信赖，投资

[①] 张谷：《作为救济法的侵权法，也是自由保障法》，《暨南学报》（哲学社会科学版），2009年第2期。

第五章 智能投顾模式中违反信义义务的民事责任

者将投资相关事项委托给投资顾问,投资顾问对投资者委托事项具有一定自由裁量权,为确保投资顾问能勤勉尽责地为投资者利益行事,信义义务应运而生。[1] 因此,从智能投顾受信主体信义义务的产生分析,信义义务来源于投资者对受信主体的信赖利益,智能投顾受信主体构成违信责任需要以存在信赖利益关系为前提。在此需要强调,在判断是否存在信赖利益关系时,不能仅从投资者与相关主体是否存在委托—代理关系或者存在其他合同关系进行判断,否则将会不当限缩受信主体的范围。在智能投顾业务中,智能投顾运营者与投资者签订投资咨询服务合同,投资者基于对运营者专业能力的信任委托其代为理财,二者本质上属于委托—代理关系,投资者与智能投顾运营者之间存在信赖利益关系。但本书第二章已经分析,在智能投顾业务中,存在人工投顾的介入,人工投顾对投资者投资建议的产生具有较强的影响,因此,人工投顾与投资者之间也存在信赖利益关系。此外,在智能投顾模式中,算法作为投资咨询过程中公式或规则的表述,算法的编程将影响推荐给投资者的金融产品的排序。[2] 智能投顾的关键算法所依赖的模型、参数对投资建议的产生具有重要影响,因此,智能投顾算法交易模型的提供者与投资者之间存在信赖利益关系。

二 存在违反信义义务的行为

在智能投顾业务中,受信主体对投资者负有注意义务与忠实义务,受信主体承担违信责任以其违反信义义务为前提。有学者将违信行为界定为侵权行为,但违信行为不同于侵权行为,相较于侵权行为,违信行为具有以下特征。一是主体特定,违信主体必须是与投资者具有信赖利益关系的主体,即受信主体,而非一切不特定主体。侵权行为主体可以是一切不特定主体,法律并未对其有特殊限制。二是主观方面,违信行为并不要求受信主体主观存

---

[1] 王灏:《智能投资顾问服务之法律风险承担》,《暨南学报》(哲学社会科学版),2019年第8期。
[2] 〔美〕塞奇威克、〔美〕韦恩:《算法》,谢路云译,北京:人民邮电出版社,2012年。

智能投资顾问中的信义义务

在过错,只要在客观上受信主体违反了法律规定的注意义务或忠实义务即构成违信行为。三是侵犯的客体方面,违信行为侵犯的客体并不是投资者的某种民事权利或民事权益,而应当是投资者对受信主体的信赖利益。四是侵害后果方面,违信行为所导致的后果通常是投资者财产方面的损害,并不会导致投资者人身权利的损害。受信主体违信的表现形式主要为对注意义务和忠实义务的违反。但由于受信主体的注意义务与忠实义务具有本质的差异,并且不同受信主体与投资者之间的信赖程度有所不同,本书将该部分内容单独设节进行讨论。

三 因违反信义义务投资者受有损失

违信行为不同于犯罪行为,犯罪的本质是对法益的侵犯,社会危害性实际是对法益的侵犯,[①] 犯罪行为的应受处罚性并不仅在于犯罪行为对某个具体的社会主体利益的侵犯,更在于犯罪行为人的不法行为对社会法益的侵犯。因此,在犯罪责任形态中,即便犯罪行为尚处于预备阶段或已经开始着手但尚未实行完毕并且未对具体社会主体造成实际损害的情况亦应承担相应的刑事责任。但民事赔偿责任的价值在于保护私人的合法权益,并不以维护社会公共利益为首要目标。在私法领域,"同质救济"是私法损害赔偿的基本理念。[②] 在该理念的指引下,民事损害赔偿遵循"补偿性赔偿"原则,主张行为人以受害人实际损失为准进行赔偿,禁止受害人通过损害赔偿制度获取额外利益。[③] 正义是人类历来普遍推崇的价值,亚里士多德将正义划分为分配正义与矫正正义,分配正义主张依据每个社会主体的实际情况来分配权力和荣誉;[④] 矫正正义主张一个人对另一个人造成了损害,就必须弥补该损

[①] 张明楷编著《刑法学》,北京:法律出版社,2007,第85页。
[②] 参见关淑芳《惩罚性赔偿制度研究》,北京:中国人民公安大学出版社,2008,第55页。
[③] 参见李景义、李杰《我国扩大惩罚性赔偿适用范围的理论探析》,《中国高校社会科学》,2017年第2期。
[④] 参见亚里士多德《政治学》,吴寿彭译,北京:商务印书馆,1965,第139页。

第五章 智能投顾模式中违反信义义务的民事责任

害，主张对损害进行等价补偿。① 因此，民事责任的承担应当以受害人受有损害为前提。在智能投顾业务中，受信主体与投资者之间属于私人法域关系，受信主体因违信所引发的责任亦应当以投资者实际受有损失为前提。

"因违反信义义务投资者受有损害"的另一层含义要求投资者所受损害与受信主体的违信行为之间存在因果关系。智能投顾中受信主体因违信给投资者造成的损失通常为财产损失，这种财产损失不仅表现为投资者财产的积极减少（财产的价值较少）还表现为财产的消极减少（财产本该增加但却未增加）。在智能投顾中，受信主体较为多元，包括智能投顾运营者、人工投顾、交易模型的提供者。因此，在确定违信行为与损失之间因果关系时应注意以下几个方面。一是应准确分析投资者的损害是受信主体违信行为引起的还是投资者自身原因引起的。二是应准确分析投资者损失是算法缺陷造成的还是人工投顾不当行为造成的。三是应准确分析投资者损失是受信主体违信行为造成的还是市场行情正常波动造成的。此外，囿于投资者与智能投顾受信主体之间严重的信息不对称问题，并且智能投顾对于投资者而言属于科技"黑箱"，投资者对智能投顾所提供投资建议生成原理以及智能投顾内部人员的结构关系并不知情，要求投资者来证明损害与违信行为之间存在因果关系实有困难。但对于受信主体而言，由于其是智能投顾业务的具体操作者，并且是信义义务的具体承担者，因此，其对是否违反信义义务、投资者损害发生原因更为了解和熟知。民事诉讼中证明责任分配以"谁主张、谁举证"为原则，但并不否认一定情况下的例外，当事人应对于己有利的事实承担证明责任，但在具体分配证明责任时，还需结合案件实体规范结构之间的关系。② 因此，基于公平原则，本书认为受信主体从事违信行为造成投资者实际损害的，可直接推定因果关系存在，将不存在因果关系的证明责任倒置给受信主体，由受信主体承担不存在因果关系的证明责任。为统一裁判尺度，提高司法的适应性，可以对某些常规性的不存在因果关系的情况进行列

---

① 参见付子堂主编《法理学进阶》（第5版），北京：法律出版社，2016，第78页。
② 胡学军：《法官分配证明责任：一个法学迷思概念的分析》，《清华法学》，2010年第4期。

举。基于智能投顾的特性,本书认为,受信主体能够证明存在以下情形之一的,则法院可以认定投资者损害与违信行为不存在因果关系：一是投资者的损失是投资者自身原因造成的；二是投资者的损失是市场因素或市场正常的波动引起的；三是投资者的损失是其他受信主体违信行为造成的；四是投资者的损失并非受信主体违信行为导致的其他情形。

第三节 违反信义义务的表现形式

一 违反注意义务的表现形式

本书第二章已对智能投顾的受信主体进行详细阐述,智能投顾运营者、人工投顾、算法模型提供者为受信主体,但由于三者在智能投顾业务中发挥的功能不同,因此其注意义务具有较大差别。本书对各受信主体违反注意义务的情形进行分类讨论。

（一）智能投顾运营者违反注意义务的表现形式

在智能投顾业务中,智能投顾运营者与投资者之间存在委托—代理关系,智能投顾运营者应对投资者负有注意义务,勤勉尽责地为投资者最佳利益行事,在提供投资咨询服务时,像一个严谨、谨慎、理性的人为自己做事情一样,尽到合理的注意义务。智能投顾运营者是智能投顾业务的直接经营管理者,并且智能投顾中人工智能、互联网等科技手段的应用为智能投顾运营者违反注意义务损害投资者利益提供了便利。实践中,智能投顾运营者违反信义义务的情形主要表现为未能勤勉尽责,未能以审慎、严谨的态度为投资者利益最大化行事,具体如下。

首先,对投资者适当性义务的违反。在智能投顾业务中,智能投顾运营者所承担的投资者适当性义务主要是了解客户、了解产品,并将适合的产品推荐给客户。一方面,智能投顾运营者在与投资者签订合同前应对投资者进行风险测评,并将结果如实告知投资者,同时向投资者进行必要的风险提示。另一方面,智能投顾运营者应充分收集投资者信息,并依据投资者基本

第五章 智能投顾模式中违反信义义务的民事责任

情况为其提供有针对性的投资建议,即智能投顾运营者能够确保通过智能投顾提供的投资建议符合投资者的实际情况。[①] 但实践中,由于我国对于智能投顾运营者投资者适当性义务监管的不到位,智能投顾运营者往往不对投资者进行事前的风险测评,或者进行了风险测评但也仅流于形式。智能投顾运营者为了获取更多客户,与不适合采用智能投顾模式的投资者签订委托合同,最终损害了投资者利益。此外,智能投顾运营者在通过智能投顾向投资者提供投资咨询服务时,未充分做到了解客户,为其提供不适当的投资建议。主要表现在以下两个方面。一方面,投资者信息采集不全。投资者适当性义务要求智能投顾运营者针对投资者资产状况、风险承受能力制定恰当的投资组合方案。在实践中,智能投顾运营者通常采取调查问卷的方式获取投资者信息,但由于获取投资者信息的方式较为单一,无法全面获取投资者相关信息。不仅如此,智能投顾运营者在收集投资者信息时通常存在以下问题。一是问卷题目原则性较强且选项主观性较强,没有对投资者的回答进一步追问的可能性。二是对投资者投资理财知识、投资理财经验、投资风险等关注较少。三是未对投资者资产状况、风险承受能力进行定期重新测试。另一方面,未能进行持续性信息更新,投资者的收入、支出、资产、负债等一系列有关投资的信息处于不断的变化之中,但智能投顾运营者往往忽视投资者基本信息的更新采集,导致采用已过时的信息作出不符合投资者利益最大化的投资决策。因此,若智能投顾运营者存在以上现象便可认定其构成对注意义务的违反。

其次,对安全风险防范义务与智能投顾算法监管义务的违反。智能投顾运营者是直接与投资者签订合同的一方主体。在智能投顾业务中,智能投顾运营者是提供投资咨询服务的总负责人,其注意义务还包括安全风险防范义务及智能投顾算法监管义务。实践中,智能投顾运营者违反注意义务主要表现为以下情形。一方面,对安全风险防范义务的违反。具体表现为:一是智

[①] Megan Ji, "Are Robots Good Fiduciaries? Regulating Robo-advisors Under the Investment Advisers Act of 1940," *Columbia Law Review*, Vol. 117, (2017), pp. 1543, 1551–1552.

智能投资顾问中的信义义务

能投顾运营者未建立健全相关网络安全风险防控系统，遭受黑客攻击，导致投资者个人信息、数据等泄露或者财产损失的情形；二是智能投顾运营者未建立资金第三方托管机制，在内部私设资金池，未对投资者账户进行分账管理，甚至擅自挪用投资者资金，造成投资者财产利益损失的情形；三是智能投顾运营者未对推荐给投资者的理财产品进行审慎核查，未对理财产品进行准确风险评估，未建立完善的高风险产品应急处理机制，导致将不合适的产品推荐给投资者，造成投资者财产损失的情形。智能投顾运营者对智能投顾算法监管义务的违反主要表现为：一是选任算法交易模型提供者及算法程序研发人员不当，未对算法交易模型提供者及算法程序研发人员的资格、能力进行充分审查和评估，导致智能投顾算法存在技术性缺陷，无法有效地为投资者提供投资建议；二是在智能投顾设备投入使用前，未对算法基本假设、投资模型、算法运算进行充分的评估、测试，未对算法可能产生的不利后果进行充分评估，未建立相应的应急处理机制；三是未对算法进行持续性评估与监测，未及时发现算法故障，造成投资者利益损失。

（二）智能投顾其他主体违反注意义务的表现形式

人机结合的投资顾问业务既可以消除人工顾问决策的偏见又可以及时防范智能投顾带来的系统性风险，在人机互动的模式中，由于人工顾问会对投资者的投资决策产生重要影响，其亦应受到信义义务的约束。本书第二章已述，不同业务种类人工顾问所承担的信义义务有所不同。在人工顾问起主导作用的业务模式中，人工顾问违反注意义务表现形式主要为投资者适当性义务的违反。由于人工顾问是投资建议的直接生成者，无论投资者信息的收集、分析，还是理财产品的分析均由其具体负责执行，因此人工顾问在未全面搜集投资者信息，未对理财产品进行评估分析，未做到"了解你的客户，了解你的产品"，将不适合的理财产品推荐给投资者时，即构成对注意义务的违反。在人工顾问起辅助作用的业务模式中，人工顾问违反注意义务的情形主要表现为未能对智能投顾算法进行持续性的监测，致使智能投顾出现技术故障而导致投资者利益损失。

此外，由于智能投顾算法交易模型提供者的意志直接关系智能投顾生成的投资建议质量,因此算法交易模型提供者应受到信义义务的约束。本书第二章已述,由于算法交易模型提供者并不直接参与投资建议的生成,并不与投资者直接接触,因此其更多受忠实义务的约束。在智能投顾模式中,算法交易模型提供者违反注意义务的表现形式主要为在设计算法交易模型时未能充分考虑我国金融市场及投资者的特殊性,未能充分对算法交易模型进行风险评估,导致算法存在缺陷。

二 违反忠实义务的表现形式

(一)智能投顾运营者违反忠实义务的表现形式

忠实义务要求智能投顾运营者在利用智能投顾为投资者提供投资咨询服务时,应避免利益冲突,在利益冲突存在时,应及时通知投资者,并能够将投资者利益置于首位。在实践中,智能投顾运营者违反忠实义务主要表现为在未告知并未经投资者同意的情况下,为了追求不当利益进行自我交易与关联交易。具体表现为:一是智能投顾运营者未能对算法进行充分的评估、测试,从而运用带有算法偏见或算法歧视等缺陷的智能投顾为投资者提供投资咨询服务;二是智能投顾运营者在将自营产品或关联方产品推荐给投资者时未及时告知投资者,导致错过最佳的投资机会,造成投资者财产损失;三是智能投顾运营者在将自营产品或关联方产品推荐给投资者时未能向投资者充分解释和说明该项投资建议的生成原因,未能告知自营产品和关联方产品的特性、风险等情况,未能全面分析和说明该项投资建议可能存在的风险及不可预知的后果;四是智能投顾运营者在未经投资者同意的情况下,直接将自营产品或关联方产品推荐给投资者。

(二)智能投顾其他主体违反忠实义务的表现形式

在人机结合的模式中,人工顾问会对投资者投资决策产生重要影响。在人工顾问起主导作用的模式中,由于人工顾问是投资建议的直接生成者,其违反忠实义务的可能性较大,主要表现形式如下。一是人工顾问基于自身利益,故意隐瞒事实,将其负责销售的投资理财产品或关联方的投资理财产品推荐给投资者。二是人工顾问在将其负责销售的投资理财产品或关联方的投资理财产品推荐给投资者时,未及时通知投资者,未将产品相关信息、风险,投资建议可能涉及的风险及不可预知的后果告知投资者。三是人工顾问在未经投资者同意的情况下将其负责销售的投资理财产品或关联方的投资理财产品推荐给投资者。在人工顾问仅起辅助作用的模式中,由于投资建议由智能投顾直接生成,人工顾问更多扮演监测核查义务,人工顾问违反忠实义务的可能性较小,主要表现形式如下。一是故意诱导或者变相诱导投资者购买其负责销售的投资理财产品或关联方的投资理财产品。二是在将自营或关联方投资理财产品推荐给投资者时,未能及时告知投资者且未向投资者披露相关风险,未能征得投资者同意。三是人工顾问未能对智能投顾算法进行持续性监测、定期测试,未及时察觉智能算法存在的偏见或歧视。

第四节　违反信义义务的免责事由

一　违反信义义务免责事由的理论依据

智能投顾受信主体信义义务分析,表面上是对受信主体、信义义务内容及违信情形的分析,实则需要法理作为后盾。智能投顾受信主体违信责任的承担需要深入剖析构建这一制度的缘由、目的,并在此基础上科学合理地界定违信责任的免责事由。本书认为,智能投顾引入信义义务的直接缘由在于,解决智能投顾中因技术手段的应用而导致的投资者利益损害。要求智能投顾受信主体承担相应信义义务的目的在于,解决智能投顾监管不足的问题,从而从私法领域更好地对智能投顾进行法律规制,实现对投资者利益的保护。[①] 智能投顾引入信义义务的缘由不仅是投资者利益保护,从信义义务内容分析,注意义务要求受信主体勤勉尽责为了投资者利益最大化行事,忠实义务要求受信主体在任何时候不得将自身利益凌驾于投资者利益之上,必

[①] Bret E. Strzelczyk, "Rise of the Machines: The Legal Implications for Investor Protection with the Rise of Robo-advisors," *DePaul Business & Commercial Law Journal*, Vol. 16, Issue 1 (2017), p. 56.

须将投资者利益置于首位。从注意义务与忠实义务的内容可知，引入信义义务的直接目的在于投资者的保护，根本目的在于实现投资者利益最大化。因此，智能投顾引入信义义务的目的并不能仅局限在投资者保护，更应包括实现投资者利益最大化。科学合理地设置一定的违信责任免责事由具有一定的价值。金融市场本身具有高风险、高收益特征，智能投顾无法准确知悉很多产品的预期收益及可能的风险，若过分强调信义义务，要求受信主体承担过重的违信责任，则可能导致智能投顾受信主体为了避免过重的责任而畏手畏脚，为了投资者保本收益而不敢推荐风险系数高的产品，束缚了智能投顾的创新，最终不利于投资者利益最大化。

二 违反信义义务的免责事由

（一）投资者同意

在民事侵权责任中，"受害人同意"作为一项重要的免责事由，已经得到世界各国的普遍认同。[①] 关于"受害人同意"的含义，有学者认为，受害人同意是基于当事人自愿、事前承诺承担某种损害后果的意思表示。[②] 还有的学者认为，受害人同意不仅包括受害人自愿承担某种不利的后果，还包括对他人某种行为但并非该后果的同意。[③] 虽然学界对"受害人同意"的内涵有不同认识，但均认同受害人同意包括受害人对某种损害后果的自愿承担。违信责任本质上亦是一种法定的民事责任，将投资者同意作为违信责任的免责事由有其正当性，主要理由如下。其一，意思自治是私法的基本原则之一，投资者同意免除受信主体的违信责任是尊重当事人意思自治的表现；其二，私法遵从"法无禁止即可为"的理念，当事人在法律规定的范围内享有自由权，可以自由处分、支配、转让自己的权利，只要该处分不违反法律、行政法规的强制性规定，不违背社会公序良俗即为有效；其三，投资者同意

[①] 李超：《论我国民法典编纂中受害人同意的立法路径及体系定位》，《河北法学》，2018年第2期。

[②] 王利明：《侵权行为法归责原则研究》，北京：中国政法大学出版社，2003。

[③] 程啸：《论侵权行为法中受害人的同意》，《中国人民大学学报》，2004年第4期。

减免受信主体的违信责任，通常是基于对受信主体的信赖，让受信主体免除责任承担的后顾之忧，促使受信主体敢于创新，为了博取更大的收益，或者是基于对受信主体专业能力的信任，让受信主体可以在两个不利后果中选择损害更小的后果。前文已述，在智能投顾业务中，投资者与智能投顾受信主体之间存在严重的信息不对称问题，在市场地位上，投资者与智能投顾受信主体形式平等实则不平等。为了防止受信主体滥用投资者同意进行抗辩，有必要对投资者同意进行以下限制。一是投资者同意的内容应当明确具体。投资者应当针对受信主体特定的行为、特定的后果进行明确表态，以防内涵不清导致受信主体扩大适用，逃避法律责任。二是投资者同意必须是基于其自愿而作出的真实意思表示。受信主体通过欺诈、胁迫、故意隐瞒相关信息等行为迫使投资者作出了不真实的意思表示，均不能产生违信责任减免的效力。对此，受信主体在征得投资者同意时，应将同意事项的特定行为及特定后果对投资者进行充分的提示和说明，不得为了获取投资者同意而隐瞒后果的不利影响。三是不得违反法律、法规的强制性规定，不得违背社会公序良俗。德国民法规定，同意的法律适用以其不违反法律的强制性规定，不违背社会公序良俗为限，否则同意无效。[①] 法律、法规的强制性规定代表着国家的一种强制性态度，通常是为了保护国家利益、社会公共利益，因此同意的内容不得与之相违背。

（二）市场客观因素变化

在智能投顾业务中，智能投顾通过对投资者投资风险偏好进行分析，为投资者匹配最佳的投资组合，以使投资者获取最大的投资收益。实践中，投资者通过智能投顾让资金流向证券市场，因此，证券市场的波动直接关系到投资者的收益。证券投资具有高风险、高收益特征，根据经济学研究成果，证券价格容易受到各类因素的影响。有学者指出，证券的价值虽取决于资产

[①]〔德〕克里斯蒂安·冯·巴尔：《欧洲比较侵权行为法》（下卷），张新宝译，北京：法律出版社，2001，第630页。

第五章 智能投顾模式中违反信义义务的民事责任

本身的价值,但通常证券的价值会受到投资者心理和行为的影响。[1] 尤其是在我国的证券市场中,由于教育不足、未形成理性的投资理念,投资者表现出过于自信、反应滞后、羊群效应等一系列行为特征,对证券市场波动产生了一定影响。有学者研究表明,经济周期亦会对证券市场的波动产生影响,尤其在经济不景气时影响更大。[2] 有学者通过实证研究分析表明,我国证券市场不仅受到上市公司盈利能力、创新能力、发展前景的影响,还受到国家宏观经济形势、经济政策及国外证券市场的影响。[3] 由以上分析可知,证券的价格不仅受到证券所代表的资产本身价值的影响,还会受到各种非确定性因素的影响。虽然智能投顾在为投资者提供投资建议时,智能投顾运营者应尽注意义务及忠实义务勤勉尽责地为投资者利益最大化行事,算法交易模型提供者应当对证券市场信息、行业信息进行充分考量,智能投顾运营者、人工投顾等应对影响证券市场价格的因素进行充分评估、分析,但客观的非确定性因素必将对投资者利益产生重大影响。客观非确定性因素通常是智能投顾运营者、算法交易模型提供者、人工投顾无法预知的,其给投资者造成的损失无法事前预防。因此,因市场客观非确定性因素变化造成的投资者利益损失,不应由智能投顾受信主体承担责任。

---

[1] 赵欣月:《投资者情绪波动影响因子研究》,《金融发展研究》,2018 年第 6 期。
[2] G. W. Schwert, "Why Does Stock Market Volatility Change Over Time?" *Journal of Finance*, Vol. 44, Issue 5 (1989), pp. 1115–1153.
[3] 王皓、朱明侠:《中国证券市场波动成因及监管研究》,《中国人口·资源与环境》,2017 年第 S1 期。

结　论

　　新一轮的科技革命引发新一轮的产业变革，智能投顾作为新一轮科技革命在投资顾问领域的产物，已经成为投资顾问服务的新模式。人工智能与投资顾问服务的融合极大降低了投资顾问成本，提高了交易效率，满足了投资者个性化投资需求。当前，智能投顾以低成本、个性化、易操作特征，一时成为资本市场新宠，短短几年间各大证券公司、银行、科技公司纷纷开展智能投顾业务，我国智能投顾业务呈现蓬勃发展之势。我国智能投顾立法供给不足，导致监管存在漏洞，造成实践中智能投顾的发展面临一些障碍和风险，尤其是智能投顾信义义务的缺失，严重危害投资者的利益。无论是从智能投顾的商业结构分析，还是从法学理论和经济学理论分析，在智能投顾模式中引入信义义务制度都具有正当性。智能投顾引入信义义务应当确立智能投顾运营者的信义义务主体地位，人工投顾、平台开发者作为其他主体同样承担信义义务。统一信义义务标准应当作为信义义务制度的基本内容，信息披露应当作为履行信义义务的基础而非一类义务，披露重点在于算法和利益冲突。监管机构监管义务主体履行信义义务的重点应当在于利益冲突。

　　智能投顾引入人工智能、互联网、大数据技术为投资者提供投资咨询服务，但其本质依然属于投资咨询服务。关于智能投顾至今尚未有专门的法律规定，对其规定主要散见于《证券法》及中国证监会、中国银保监会等金融监管部门的规范性文件中，具体如下。

　　第一，《证券法》对证券投资咨询业务市场准入、规范、法律责任等进行了规定。《证券法》第160条第二款规定，"从事证券投资咨询服务业务，应当经国务院证券监督管理机构核准；未经核准，不得为证券的交易及相关活动提供服务"；第143条第1款规定，"证券公司办理经纪业务，不得接受客户的全权委托而决定证券买卖、选择证券种类、决定买卖数量或者买卖价格";第161条规定证券投资咨询机构及其从业人员从事证券服务业务不得代理委托人从事证券投资,给投资者造成损失的,应当依法承担赔偿责任。作为证券市场的基本法律,《证券法》虽然对投资咨询服务业务进行了规定,但并未对智能投顾作出具体规定。

第二,《证券投资顾问业务暂行规定》(以下简称《暂行规定》)对证券投资顾问业务定义、市场准入资格、信义义务、信息披露、投资者适当性、法律责任等进行了全面规定。《暂行规定》第2条对证券投资顾问业务的定义进行明确阐述,指证券公司、证券投资咨询机构接受客户委托,向客户提供投资建议服务,辅助客户作出投资决策的营利性活动。第7条明确要求,证券投资咨询顾问应具有证券投资咨询执业资格。同时,第12条规定证券公司、证券投资咨询机构为客户提供证券投资顾问服务,应告知客户投资决议由客户作出,风险由客户承担,并且明确提示客户证券投资顾问不得代客户作出投资决策。《暂行规定》较为全面地对投资顾问业务进行了规定,但对智能投顾只字未提,并且该规定在很大程度上无法适应智能投顾的创新发展。

第三,《证券、期货投资咨询管理暂行办法》对投资咨询业务市场准入,证券、期货投资咨询机构及其从业人员,证券、期货投资咨询业务管理,法律责任等进行了规定。第3条规定,从事证券、期货咨询业务应征得中国证监会许可。第24条规定,证券、期货投资咨询机构及其投资咨询人员,不得代理投资人从事证券、期货买卖活动。该办法同样只是针对投资咨询业务进行规定,并未具体针对智能投顾进行规定。

第四,《关于加强对利用"荐股软件"从事证券投资咨询业务监管的暂行规定》对"荐股软件"作出了明确规定,并在第2条规定向投资者销售或提供"荐股软件",并获取经济利益的,属于证券投资咨询业务,应取得证券投资咨询业务资格。该规定与智能投顾相关,但内容较少,无法对智能投顾进行全面规范。

第五,《关于规范金融机构资产管理业务的指导意见》(以下简称《资管意见》)第23条规定,运用人工智能技术开展投资顾问业务应取得投资顾

智能投资顾问中的信义义务

问资质，非金融机构不得借助智能投顾开展资产管理业务。同时，金融机构运用人工智能技术开展资产管理业务应遵循投资者适当性、投资范围、信息披露、风险隔离等规定，并向监管部门报备人工智能模型参数，向投资者提示算法缺陷及风险等。《资管意见》是至今唯一明确对智能投顾进行规制的文件，但文件立法层级较低，并且以资产管理业务为规制内容，未对智能投顾进行全面系统的规定。

目前，我国智能投顾立法主要存在以下问题。一是缺乏智能投顾专门性立法。当前，我国关于投资顾问已出台相关法律规定，但关于智能投顾至今尚未有专门的法律规范。虽然智能投顾尚处于初期发展阶段，但其发展速度远远超出人们预期，智能投顾在我国已经初具规模，并且智能投顾相较于人工投资顾问具有较大的特殊性，仅仅依据《证券法》《暂行规定》等进行管理已无法满足其发展需求，亟须对智能投顾进行专门立法。二是立法层级较低，缺乏系统性。从上述法律规范文件分析，关于智能投顾的法律仅有《证券法》且只有其中几个条文，更多散见于国务院各部门的规范性文件中，立法层级较低。此外，关于智能投顾的立法散见于监管部门规范性文件中，缺乏系统性，造成法律适用的不便，亟须对智能投顾进行统一立法。三是现行立法规范存在不足，缺乏信义义务规范。《优化营商环境条例》提出，对于新产业、新业态、新技术、新模式，按照鼓励创新、包容审慎原则实行包容审慎监管。智能投顾作为投资咨询顾问新模式，更显其特殊性。智能投顾在降低服务成本、提高服务效率、促进金融普惠性的同时，也存在算法缺陷、网络安全、利益冲突、违反信义义务等新的问题。但现行立法更多是针对人工投资顾问的，对智能投顾考虑不足，例如禁止全权委托账户管理，阻碍了智能投顾的创新发展。并且，现行立法并未对智能投顾新的风险予以有效的监管，已难以满足智能投顾的发展需求。为此，本书建议如下。

一是加快我国智能投顾专门立法，引入信义义务制度。建议加快推动智能投顾专门立法，明确国家层面智能投顾顶层设计和基础制度框架，夯实各监管部门智能投顾监管权责，同时为完善投资者保护，规制智能投顾健康、规范发展提供法律依据。考虑到我国智能投顾发展尚处于初级探索阶段，尚

结　论

不具备由全国人大制定法律的条件，建议现阶段由国务院制定《中华人民共和国智能投顾管理条例》。关于该条例的具体起草工作，建议由中国人民银行、国家金融监督管理总局、中国证监会共同负责。起草部门应对开展智能投顾业务的银行、证券公司、智能投顾公司进行深入调研，总结实践经验，广泛听取智能投顾运营者、投资者、基层监管人员的意见。关于该条例对智能投顾的规制理念，建议采取包容审慎的态度。智能投顾作为投资顾问新模式，对于其创新应遵循包容的态度，鼓励其发展；对于其风险应遵循审慎的态度，守住不发生系统性金融风险底线，同时为保护投资者引入信义义务制度。

二是在引入信义义务制度基础上适当放开全权委托账户管理。金融市场法律规则的制定应实现风险规制与发展创新之间的平衡。智能投顾作为投资顾问领域的创新服务模式，对其规制应遵循包容审慎原则，鼓励其创新发展。智能投顾的智能化不仅体现在通过算法为客户提供投资建议，更体现在对客户资产进行持续监管，并根据市场变化，及时对客户账户进行投资组合再平衡，而这一切均要得益于客户的全权委托。因此，为促进智能投顾创新发展，建议适当放开全权委托账户管理。建议由中国证监会牵头，联合中国人民银行、国家金融监督管理总局开展智能投顾全权委托试点工作，选取经营效益好、企业信誉较高、风险承受力强的智能投顾平台进行试点，设置1~2年观察期，建立容错机制，在守住金融风险底线的情况下允许其开展全权委托账户管理业务。在观察期内，智能投顾平台应设置专门的监管人员定期向监管部门汇报经营情况，监管部门应采取不定期检查方式对智能投顾平台加强行政指导。

三是完善智能投顾信息披露制度，化解利益冲突。智能投顾采用人工智能、大数据、互联网技术使得利益冲突更加严重和隐蔽，为保护投资者合法权益，建议在前述条例中专章对智能投顾运营者信息披露义务进行规定。智能投顾运营者应遵循真实、准确、完整的原则对交易涉及的信息进行全面披露。建议将智能投顾运营者信息披露义务分为一般性披露义务及特殊性披露义务两部分。一般性披露义务主要包括披露智能投顾运营者的资质信息，以

智能投资顾问中的信义义务

及业务范围、佣金费率等基本信息。特殊性披露义务应包括披露智能投顾运营模式，投资组合中金融产品基本信息，智能投顾算法交易模型、算法假定、算法原理、算法缺陷等信息，并且应充分披露智能投顾关联方，包括智能投顾算法第三方研发机构、金融产品经纪商等信息。在披露方式上，对于涉及重大、可能影响投资者利益的信息，应采用弹框、加粗等明显方式向投资者提示。此外，为确保智能投顾信息披露真实性、准确性与完整性，应明确智能投顾平台实际控制人、董事、监事、高级管理人员的担保责任。

四是建立加强网络安全防控系统建设，确保投资者信息安全的注意义务制度。人工智能、大数据、互联网技术的应用给智能投顾平台网络信息安全带来了新的风险，为确保投资者信息安全，建议立法赋予智能投顾运营者加强网络安全防控系统建设的义务。建议在前述条例中明确要求智能投顾运营者应加强内部网络安全风险防控系统建设，建立和完善内部网络安全管理制度、审核监控制度，确保网络安全稳定运行，保护投资者信息安全。明确智能投顾平台董事经理、高级管理人员在信息安全防控方面的义务。明确要求智能投顾平台委派专门的网络安全管理人员负责落实网络安全防控职责，并对该管理人员工作任务及要求进行明确规定。积极学习和引进先进的网络安全防控理念与技术，完善网络安全硬件、软件防控体系，加强与第三方网络安全加固平台的合作，利用第三方技术提升网络安全水平。

参考文献

一 中文参考文献

（一）著作类

1. 罗明雄、侯少开、全忠伟：《金融科技的三大支柱》，北京：中国财政经济出版社，2017。
2. 徐恪、李沁编著《算法统治世界》，北京：清华大学出版社，2017。
3. 李劲松、刘勇：《智能投顾》，北京：机械工业出版社，2018。
4. 京东法律研究院：《欧盟数据宪章》，北京：法律出版社，2018。
5. 徐忠、孙国峰、姚前主编《金融科技的发展趋势与监管研究》，北京：中国金融出版社，2017。
6. 邢会强：《金融消费者权利的法律保护与救济》，北京：经济科学出版社，2016。
7. 腾讯研究院、中国信息通信研究院互联网法律研究中心：《人工智能》（第1版），北京：中国人民大学出版社，2017。
8. 〔美〕吴军：《智能时代》，北京：中信出版社，2016。
9. 中国证券监督管理委员会编译《欧盟金融工具市场指令》，北京：法律出版社，2010。
10. 钟向春：《我国营业信托受托人谨慎义务研究》，北京：中国政法大学出版社，2015。
11. 廖岷等：《金融科技（FinTech）发展的国际经验和中国政策取向》，北京：中国金融出版社，2017。
12. 刘宪权主编《人工智能》，上海：上海人民出版社，2018。
13. 徐明星等：《区块链》，北京：中信出版社，2016。

14. 吕耀怀等：《数字化生存的道德空间》，北京：中国人民大学出版社，2018。
15. 中国人工智能2.0发展战略研究项目组编《中国人工智能2.0发展战略研究》，杭州：浙江大学出版社，2018。
16. 蔡自兴主编《人工智能及其应用》，北京：清华大学出版社，2016。
17. 李开复、王永刚：《人工智能》，北京：文化发展出版社，2017。
18. 周汉华主编《网络信息法学研究》，北京：中国社会科学出版社，2017。
19. 陈炳祥：《人工智能改变世界》，北京：人民邮电出版社，2017。
20. 〔美〕佩德罗·多明戈斯：《终极算法》，黄芳萍译，北京：中信出版社，2016。
21. 〔美〕保罗·西罗尼：《金融科技创新》，马睿、汪吕杰译，北京：中信出版社，2017。
22. 〔美〕尼克：《人工智能简史》，北京：人民邮电出版社，2017。
23. 〔美〕罗素、〔美〕诺维格：《人工智能：一种现代的方法》（第3版），殷建平、祝恩等译，北京：清华大学出版社，2013。
24. 〔英〕博登：《人工智能哲学》，刘西瑞、王汉琦译，上海：上海译文出版社，2006。
25. 〔英〕卡鲁姆·蔡斯：《人工智能革命》，张尧然译，北京：机械工业出版社，2017。
26. 〔英〕迈耶-舍恩伯格：《大数据时代》，盛杨燕、周涛译，杭州：浙江人民出版社，2012。
27. 〔美〕那不勒坦：《算法基础》，贾洪峰译，北京：人民邮电出版社，2016。
28. 〔美〕皮埃罗·斯加鲁菲：《智能的本质》，任莉、张建宇译，北京：人民邮电出版社，2017。
29. 〔美〕塞奇威克、〔美〕韦恩：《算法》，谢路云译，北京：人民邮电出版社，2012。
30. 〔美〕达斯格普塔等：《算法概论》，钱枫、邹恒明注释，北京：机械工业出版社，2009。

（二）论文类

31. 刘沛佩：《我国证券市场智能投顾发展的监管思考》，《证券市场导报》，2019年第1期。

32. 郑佳宁：《论智能投顾运营者的民事责任——以信义义务为中心的展开》，《法学杂志》，2018年第10期。

33. 彭诚信：《人工智能的法律主体地位》，《人民法治》，2018年第18期。

34. 高丝敏：《智能投资顾问模式中的主体识别和义务设定》，《法学研究》，2018年第5期。

35. 王利明：《人工智能时代对民法学的新挑战》，《东方法学》，2018年第3期。

36. 郑毓栋：《资管新规下智能投顾的发展趋势与国际经验》，《清华金融评论》，2018年第4期。

37. 吴烨、叶林：《"智能投顾"的本质及规制路径》，《法学杂志》，2018年第5期。

38. 邢会强：《人工智能时代的金融监管变革》，《探索与争鸣》，2018年第10期。

39. 伍旭川：《迎接金融科技的新风口——智能投顾》，《清华金融评论》，2017年第10期。

40. 郭雳：《智能投顾开展的制度去障与法律助推》，《政法论坛》，2019年第3期。

41. 许多奇：《互联网金融风险的社会特性与监管创新》，《法学研究》，2018年第5期。

42. 袁森英：《我国证券智能投顾运营商市场准入制度的构建》，《西南政法大学学报》，2018年第3期。

43. 张家林：《监管科技（RegTech）发展及应用研究——以智能投顾监管为例》，《金融监管研究》，2018年第6期。

44. 李晴：《智能投顾的风险分析及法律规制路径》，《南方金融》，2017年第4期。

45. 彭冰：《从 Lowe 案看美国对投资顾问的界定》，《证券法苑》，2009 年第 1 期。

46. 汪庆华：《人工智能的法律规制路径：一个框架性讨论》，《现代法学》，2019 年第 2 期。

47. 张家林：《金融监管科技：基本原理及发展展望》，《公司金融研究》，2017 年第 Z1 期。

48. 李文莉、杨玥捷：《智能投顾的法律风险及监管建议》，《法学》，2017 年第 8 期。

49. 柴瑞娟：《监管沙箱的域外经验及其启示》，《法学》，2017 年第 8 期。

50. 王波、金鑫：《中国智能投顾的发展困境及其法律突破》，《海南金融》，2019 年第 3 期。

51. 李晴：《互联网证券智能化方向：智能投顾的法律关系、风险与监管》，《上海金融》，2016 年第 11 期。

52. 邢会强、银丹妮：《智能投顾信息披露法律制度的构建》，《西北工业大学学报》（社会科学版），2019 年第 1 期。

53. 王智慧：《论电子代理人的法律地位》，《现代商贸工业》，2018 年第 1 期。

54. 袁曾：《人工智能有限法律人格审视》，《东方法学》，2017 年第 5 期。

55. 司晓、曹建峰：《论人工智能的民事责任：以自动驾驶汽车和智能机器人为切入点》，《法律科学》（西北政法大学学报），2017 年第 5 期。

56. 侯东德、张冉：《智能投顾信用风险的生成逻辑与治理策略》，《西北工业大学学报》（社会科学版），2019 年第 2 期。

57. 马长山：《人工智能的社会风险及其法律规制》，《法律科学》（西北政法大学学报），2018 年第 6 期。

58. 张玉宏、秦志光、肖乐：《大数据算法的歧视本质》，《自然辩证法研究》，2017 年第 5 期。

59. 杨东：《互联网金融的法律规制——基于信息工具的视角》，《中国社会科学》，2015 年第 4 期。

60. 张守文：《人工智能产业发展的经济法规制》，《政治与法律》，2019 年第 1 期。

61. 梅杨、刘沛佩：《美国证券交易委员会关于智能投顾的指引更新和投资者公告》，《证券法苑》，2018 年第 1 期。

62. 邢会强：《金融机构的信义义务与适合性原则》，《人大法律评论》，2016 年第 3 期。

63. 张力、陈鹏：《机器人"人格"理论批判与人工智能物的法律规制》，《学术界》，2018 年第 12 期。

64. 王灏：《智能投资顾问服务之法律风险承担》，《暨南学报》（哲学社会科学版），2019 年第 8 期。

65. 吴汉东：《人工智能时代的制度安排与法律规制》，《法律科学》（西北政法大学学报），2017 年第 5 期。

66. 蒋辉宇：《论智能投顾技术性风险的制度防范》，《暨南学报》（哲学社会科学版），2019 年第 9 期。

67. 贾开：《人工智能与算法治理研究》，《中国行政管理》，2019 年第 1 期。

68. 申海波、韩璞庚：《人工智能背景下的治理变迁及其路径选择》，《求索》，2018 年第 6 期。

69. 陈煜、任敏：《关于智能投顾法律规范框架的基本分析》，《清华金融评论》，2018 年第 2 期。

70. 郑玉双：《破解技术中立难题——法律与科技之关系的法理学再思》，《华东政法大学学报》，2018 年第 1 期。

71. 段伟文：《人工智能时代的价值审度与伦理调适》，《中国人民大学学报》，2017 年第 6 期。

72. 何飞、唐建伟：《商业银行智能投顾的发展现状与对策建议》，《银行家》，2017 年第 11 期。

73. 蔡元庆、黄海燕：《监管沙盒：兼容金融科技与金融监管的长效机制》，《科技与法律》，2017 年第 1 期。

74. 袁康：《证券公司设立互联网综合理财平台的制度构建——市场准入、

业务规则与金融消费者保护》,《证券法苑》,2016 年第 2 期。

75. 黄韬：《我国金融市场从"机构监管"到"功能监管"的法律路径——以金融理财产品监管规则的改进为中心》,《法学》,2011 年第 7 期。

76. 叶林、吴烨：《金融市场的"穿透式"监管论纲》,《法学》,2017 年第 12 期。

77. 杨松、张永亮：《金融科技监管的路径转换与中国选择》,《法学》,2017 年第 8 期。

78. 於兴中：《算法社会与人的秉性》,《中国法律评论》,2018 年第 2 期。

79. 甘培忠、周淳：《证券投资顾问受信义务研究》,《法律适用》,2012 年第 10 期。

80. 赵磊：《信托受托人的角色定位及其制度实现》,《中国法学》,2013 年第 4 期。

81. 步国旬：《证券投资顾问的利益冲突与信息隔离》,《证券市场导报》,2011 年第 9 期。

82. 王毅：《智能投顾在证券经纪业务中的应用探析》,《金融纵横》,2018 年第 5 期。

83. 周正：《境内外智能投顾业务模式对比》,《银行家》,2017 年第 12 期。

84. 邢会强：《相对安全理念下规范互联网金融的法律模式与路径》,《法学》,2017 年第 12 期。

85. 曹锦秋、任怡多：《资管计划穿透式监管法律问题研究》,《辽宁大学学报》(哲学社会科学版),2018 年第 5 期。

86. 刘培、池忠军：《算法的伦理问题及其解决进路》,《东北大学学报》(社会科学版),2019 年第 2 期。

87. 龙文懋：《人工智能法律主体地位的法哲学思考》,《法律科学》(西北政法大学学报),2018 年第 5 期。

88. 于程远：《从风险规避到实质保护——目的论视角下对自我交易规则的重新建构》,《政法论坛》,2018 年第 2 期。

89. 张凌寒：《商业自动化决策的算法解释权研究》,《法律科学》(西北政法大学学报），2018年第3期。

90. 王栋：《人工智能与社会治理》，《人民法治》，2018年第18期。

91. 刘艳红：《人工智能法学研究的反智化批判》，《东方法学》，2019年第5期。

92. 彭诚信、陈吉栋：《论人工智能体法律人格的考量要素》，《当代法学》，2019年第2期。

93. 刘洪华：《论人工智能的法律地位》，《政治与法律》，2019年第1期。

94. 杨立新：《人工类人格：智能机器人的民法地位——兼论智能机器人致人损害的民事责任》，《求是学刊》，2018年第4期。

95. 赵万一：《机器人的法律主体地位辨析——兼谈对机器人进行法律规制的基本要求》，《贵州民族大学学报》（哲学社会科学版），2018年第3期。

96. 程龙：《从法律人工智能走向人工智能法学：目标与路径》，《湖北社会科学》，2018年第6期。

97. 张妮、杨遂全、蒲亦非：《国外人工智能与法律研究进展述评》，《法律方法》，2014年第2期。

98. 莫宏伟：《强人工智能与弱人工智能的伦理问题思考》，《科学与社会》，2018年第1期。

99. 余成峰：《法律的"死亡"：人工智能时代的法律功能危机》，《华东政法大学学报》，2018年第2期。

100. 左卫民：《关于法律人工智能在中国运用前景的若干思考》，《清华法学》，2018年第2期。

101. 李爱君：《人工智能法律行为论》，《政法论坛》，2019年第3期。

102. 叶明、朱静洁：《理性本位视野下智能机器人民事法律地位的认定》，《河北法学》，2019年第6期。

103. 杨立新：《民事责任在人工智能发展风险管控中的作用》，《法学杂志》，2019年第2期。

104. 马长山：《智能互联网时代的中国法学自主性》，《中国社会科学评价》，

2018 年第 4 期。

105. 姜野：《算法的规训与规训的算法：人工智能时代算法的法律规制》，《河北法学》，2018 年第 12 期。

106. 张建文：《格里申法案的贡献与局限——俄罗斯首部机器人法草案述评》，《华东政法大学学报》，2018 年第 2 期。

107. 江必新、郑礼华：《互联网、大数据、人工智能与科学立法》，《法学杂志》，2018 年第 5 期。

108. 张童：《人工智能产品致人损害民事责任研究》，《社会科学》，2018 年第 4 期。

109. 庞金友：《AI 治理：人工智能时代的秩序困境与治理原则》，《人民论坛·学术前沿》，2018 年第 10 期。

110. 鲁楠：《科技革命、法哲学与后人类境况》，《中国法律评论》，2018 年第 2 期。

111. 张吉豫：《人工智能良性创新发展的法制构建思考》，《中国法律评论》，2018 年第 2 期。

112. 苏力：《法律与科技问题的法理学重构》，《中国社会科学》，1999 年第 5 期。

113. 周仲飞、李敬伟：《金融科技背景下金融监管范式的转变》，《法学研究》，2018 年第 5 期。

114. 陈沛：《我国金融科技的监管困境与路径选择》，《电子科技大学学报》（社科版），2018 年第 6 期。

115. 高奇琦：《全球善智与全球合智：人工智能全球治理的未来》，《世界经济与政治》，2019 年第 7 期。

116. 陈鹏：《算法的权力：应用与规制》，《浙江社会科学》，2019 年第 4 期。

117. 胡凌：《人工智能视阈下的网络法核心问题》，《中国法律评论》，2018 年第 2 期。

118. 张青波：《自我规制的规制：应对科技风险的法理与法制》，《华东政法大学学报》，2018 年第 1 期。

119. 沈伟：《金融科技的去中心化和中心化的金融监管——金融创新的规制逻辑及分析维度》，《现代法学》，2018 年第 3 期。

120. 徐力：《大数据证券监管之路》，《中国金融》，2015 年第 5 期。

121. 李东方、冯睿：《投资者适当性管理制度的经济和法律分析》，《财经法学》，2018 年第 4 期。

122. 王从容、李宁：《法学视角下的证券市场信息披露制度若干问题的分析》，《金融研究》，2009 年第 3 期。

123. 夏丽华、鲍刚：《证券公司虚假陈述案件的裁判思路》，《人民司法》（案例），2018 年第 17 期。

124. 邢会强：《内幕交易惩罚性赔偿制度的构造原理与现实选择》，《中国社会科学》，2018 年第 4 期。

125. 廖升：《虚假陈述侵权责任之侵权行为认定》，《法学家》，2017 年第 1 期。

126. 倪受彬、张艳蓉：《证券投资咨询机构的信义义务研究》，《社会科学》，2014 年第 10 期。

（三）其他类

127. 邢会强：《人工智能投资顾问在我国的法律界定——从"智能投顾"到"智能财顾"再到"智能投顾"》，载《人工智能法学研究》2018 年第 1 期，社会科学文献出版社，2018。

128. 耿志强：《人工智能与金融深度融合的激励性法律规制——以智能投顾为切入》，载《人工智能法学研究》2018 年第 2 期，社会科学文献出版社，2019。

129. 李晴：《澳大利亚智能投顾监管及借鉴》，载《人工智能法学研究》2018 年第 1 期，社会科学文献出版社，2018。

130. 张家林、李鑫、齐轩：《人工智能投资顾问的发展与 FINRA 监管报告解读》，载《创新与发展：中国证券业 2016 年论文集》，中国财经出版社，2017。

131. 刘云生：《人工智能的民法定位》，《深圳特区报》2017 年 10 月 24 日，第 C02 版。

132. 王利明：《人工智能对民法的挑战》，《中国城市报》2017 年 9 月 11 日，第 22 版。

133. 杨荇：《人工智能在金融领域应用及监管挑战》，《上海证券报》2018 年 1 月 22 日，第 8 版。

二　外文参考文献

（一）论文类

134. Strzelczyk, Bret E. , "Rise of the Machines: The Legal Implications for Investor Protection with the Rise of Robo-advisors," *DePaul Business & Commercial Law Journal*, Vol. 16, Issue 1（2017）.

135. Lightbourne, John, "Algorithms & Fiduciaries: Existing and Proposed Regulatory Approaches to Artificially Intelligent Financial Planners," *Duke Law Journal*, Vol. 67, Issue 3（December 2017）.

136. Iannarone, Nicole G. , "Rethinking Automated Investment Adviser Disclosure," *University of Toledo Law Review*, Vol. 50, Issue 3（Spring 2019）.

137. Rifkin, Jake G. , "Robo-advisers Jumping on the Bandwagon: Yet Another Cry for a Uniform Standard ," *North Carolina Law Review*, Vol. 97, Issue 3（March 2019）.

138. Jones, Alexandra M. , "Old Days are Dead and Gone: Estate Planning Must Keep Its Head Above Water with the Changing Tide of Technology," *Estate Planning & Community Property Law Journal*, Vol. 11, Issue 1（Fall 2018）.

139. Litz, Dominic, "Risk, Reward, Robo-advisers: Are Automated Investment Platforms Acting in Your Best Interest," *Journal of High Technology Law*, Vol. 18, Issue 2（2018）.

140. Robert, Keohane, After Hegemony: Cooperation and Discord in the World Political Economy (1984).

（二）其他类

141. Barber, Avery R. , Comment, Redefining Fiduciary in the Robot Age: How the Department of Labor's New Definition Will Encourage Robo-Investment Platforms and Remove the Human Element From Investment Advising, 18 Wake Forest J. Bus. & Intell. Prop. L. 316, 329 (2008).

142. GA. CODE ANN. § 10-5-2（17）(West, Westlaw through 2018 reg. and spec. legis. sess).

143. The SEC Urities and Exchange Commission Office of Investor Education and Advocacy and the Financial Industry Regulatory Authority, Company Limited by Shares, Investors Alert: Automatic Investment Tools, May 8, 2015, ("investor alarm"), at https://www. SEC. gov/oiea/investor-alerts-Bulletin/auto-listingtoolshtm. html.

144. Complaint, Green v. Morningstar, Inc. , No. 17 C 5652 (N. D. Ill. Mar. 16, 2018), 2018 WL 1378176.

145. Scopino, Gregory, Preparing Financial Regulation for the SEC and Machine Age: The Need for Oversight of Digital Intermediaries in the Futures Markets, 2015 Colum. Bus. L. Rev. 439, 508 (2015) (citing Jim Shelton, Open the Pod-Bay Door, Hal, New Haven Reg. (Jan. 11, 2009, 12: 00AM), https://www. nhregister. com/news/article/Open-the-Pod-Bay-Door-Hal-11627926. php).

146. Hauser, John R. , et al. , Website Morphing, 28 Marketingsci. 202, 213 (2009).

147. Pittman, Supra Note 18, at 643 n. 17 (citing Stephan Taub, The 2016 Rich List of the World's Top-Earning Hedge Fund Managers, Institutional Inv. (May 10, 2016), https://www. institutionalinvestor. com/article/bl 8bk4p 13shhny/the-2016-rich-list-of-the-world39s-topearninghedge-fund-managers). 100. Id. at 664 n. 66. 101. Id. at 664. 102. Id. at 668.

148. Dombalagian, Onnig H. , Preserving Human Agency in Automated Compliance, 11 Brook. J. Corp. Fin. & CoM. L. 71, 91 (2016).

149. Knight Capital Americas LLC, Exchange Act No. 70694, 2013 WL 5631976 (Oct. 16, 2013).

150. Langevoort, Donald C., Selling Hope, Selling Risk: Some Lessons for Law and Behavioral Economics about Stockbrokers and Sophisticated Customers, 84 Cal. L. Rev. 627, 636.

151. Irwin, Steven D., Lane, Scott A., Mendelson, Carolyn W., Wasn't My Broker Always Looking Out for My Best Interests? The Road to Become a Fiduciary, 12 DuQ. Bus. L. J. 41, 59 (2009).

152. Frankel, T., The Failure of Investor Protection by Disclosure, 81 Cin. L. Rev. 421, 426 (2012).

153. Magnuson, W., Regulating Fintech, 71 Vand. L. Rev. 1167 (2018).

154. Kahan, M., Klausner, M., Path Dependence in Corporate Contracting: Increasing Returns, Herd Behavior and Cognitive Biases, 74 Wash. U. L. Q. 347, 356 (1996).

155. Yadav, Y., How Algorithmic Trading Undermines Efficiency in Capital Markets, 68 Vand. L. Rev. 1607, 1668 – 70 (2015).

156. Ordeshook, P., Game Theory and Political Theory 447 – 48 (1986).

157. Axelrod, R., The Evolution of Strategies in the Iterated Prisoner's Dilemma, in Genetic Algorithms and Simulated Annealing 32 – 41 (Lawrence Davis ed., 1987).

158. Frezza, B., Caveat Emptor Banking: Peer-to-Peer Lending Challenges Too-Big-To-Fail Status Quo, Forbes (Aug. 13, 2013, 9:30 AM), https://www.forbes.com/sites/billfrezza/2013/08/13/caveat-emptor-banking-peer-to-peerlending-challenges-too-big-to-fail-status-quo/#4b7db0743bdc [https://perma.cc/8QPH-GHMY].

159. Mancur Olson, Jr., The Logic of Collective Action: Public Goods and the Theory of Groups 1 – 2 (1965).

160. Goldsmith, Jack L., Posner, Eric A., A Theory of Customary International

Law, 66 U. Chi. L. Rev. 1113, 1132 – 33 (1999).

161. Oye, Kenneth A. , Explaining Cooperation Under Anarchy: Hypotheses and Strategies, in Cooperation under Anarchy 1, 19 – 20 (Kenneth A. Oye ed. , 1986).

162. Drake, D. , 2000 Global Crowdfunding Sites to Choose from by 2016: Top 5 Growth Indicators, Huffington Post (Oct. 23, 2015), https://www.huffingtonpost.com/david-drake/2000global-crowdfunding-_b8365266.html [https://perma.cc/WMH5-NNPV].

163. Moore, T. , Christin, N. , Beware the Middleman: Empirical Analysis of BitcoinExchange Risk, in Lecture Notes in Computer Science Vol. 7859: Financial Cryptography and Data Security 25, 28 (Ahmad-Reza Sadeghi ed. , 2013).

164. Davlia, A. , et al. , Venture Capital Financing and the Growth of Startup Firms, 18 J. Bus. Venturing 689 (2003).

165. Kirsch, D. , et al. , Form or Substance: The Role of Business Plans in Venture Capital Decision Making, 30 Strategic Mgmt. J. 487 (2009).

图书在版编目(CIP)数据

智能投资顾问中的信义义务 / 宋姝著. -- 北京：社会科学文献出版社，2023.10
ISBN 978-7-5228-2506-9

Ⅰ.①智… Ⅱ.①宋… Ⅲ.①信托法－研究－中国 Ⅳ.①D922.282.4

中国国家版本馆 CIP 数据核字(2023)第 177935 号

智能投资顾问中的信义义务

著　　者 / 宋　姝

出 版 人 / 冀祥德
组稿编辑 / 刘骁军
责任编辑 / 易　卉
文稿编辑 / 白　银
责任印制 / 王京美

出　　版 / 社会科学文献出版社·集刊分社（010）59367161
　　　　　　地址：北京市北三环中路甲 29 号院华龙大厦　邮编：100029
　　　　　　网址：www.ssap.com.cn

发　　行 / 社会科学文献出版社（010）59367028
印　　装 / 三河市东方印刷有限公司

规　　格 / 开　本：787mm×1092mm　1/16
　　　　　　印　张：12.5　字　数：193 千字
版　　次 / 2023 年 10 月第 1 版　2023 年 10 月第 1 次印刷
书　　号 / ISBN 978-7-5228-2506-9
定　　价 / 89.00 元

读者服务电话：4008918866

版权所有 翻印必究